Un recuerdo de Aragón
para el tío Pepe

TIERRA SIN MAR

¡Gracias! 12-Oct-14

José Antonio Labordeta

TIERRA SIN MAR

RBA

Autor: José Antonio Labordeta

Santa Perpètua, 12 - 08012 Barcelona
rba-libros@rba.es / www.rbalibros.com

Primera edición de bolsillo: septiembre 2008

Ref.: OBOL215 / ISBN: 978-84-9867-283-1
DEPÓSITO LEGAL: B-32.463-2008
Composición: Manuel Rodríguez
Impreso por Liberduplex (Barcelona)

ÍNDICE

NOTA DEL EDITOR

Tierra sin mar, como *Los amigos contados*, que circuló en una edición no venal, reúne artículos periodísticos, pero también cuentos, entrevistas y poemas, textos que, bajo su aparente disparidad, están dotados de una coherencia que salta las barreras del tiempo. De alguna manera, *Tierra sin mar* puede ser considerado como una autobiografía al exterior.

Muchos de los textos de José Antonio Labordeta que aquí se recogen vieron la luz en la prensa: *Andalán, El Día de Aragón, Diario 16, El Mundo* y *El Periódico de Aragón*, otros pertenecen a la serie de televisión *Un país en la mochila*.

FRP

A MODO DE EXPLICACIÓN

El tiempo pasa, discurre, abre grietas en los cansados ojos de los habitantes de este lado del cierzo y el mar, tan amado y nostalgiado por nosotros, cada día está más lejos. Las utopías se escapan de las manos y los sueños se hacen horizontes lejanos batidos por los agrestes soles del verano o por las tiriteras invernales en las que el dorondón se descuelga manso de las ramas de los viejos olivares. Seguimos vivos aunque a veces tengamos que tocarnos la piel para convencernos de que somos seres pensantes y no lejanas sombras de una tierra que, perdido el mar, ya casi sólo le queda la ironía y el desparpajo agreste para defenderse de todo lo que por derecha e izquierda, por arriba y por abajo le agrede.

Se reedita esta *Tierra sin mar* cuyo meollo se debe a Félix Romeo Pescador siempre impetuoso, generoso y ariete de la movilización cultural de nuestro país. Él fue quien indagó, rebuscó, ordenó y encontró todo lo que de modo disperso y sin mucho orden, y con menos concierto, yo había ido escribiendo a lo largo de unos años. Ustedes decidieron terminar con la primera, segunda, tercera y cuarta edición. Sean dadas las gracias al personal lector y a Chusé Raúl Usón por su intrépida aventura de editor en un tiempo en que no son buenas las tensiones para la lírica y sí mejor para la terapéutica. Él, que para eso es de aquí, se embarca en la primera y todos debemos agradecerle su aventura.

Espero, nuevo lector, que en las páginas de este libro encuentres el mismo placer que hallaron tus antecesores. Con ello nos daremos por satisfechos y bien pagados, como melodiosos anónimos de la vieja copla hispana.

Desde la edición primera ahora el mundo se ha estrujado, estremecido y frustrado. Esperemos que en la siguiente edición lo que todos deseamos se vuelva a cumplir y el mundo recupere el aire satisfecho y sonriente que supongo nunca tuvo, pero que es como una utopía de la que nunca queremos, ni podemos, ni debemos renunciar.

José Antonio Labordeta
Madrid, enero de 2002

RECUERDO DE JOSÉ ANTONIO LABORDETA

Me ha emocionado mucho leer estos artículos, apuntes, ensayos o discursos breves de José Antonio Labordeta. Me emociona también tener la oportunidad de comentarlos. Labordeta —vamos a llamarlo así, sin desdoro del gran Miguel, su hermano y maestro— forma parte de una época inolvidable de mi vida y de la de cualquiera: la adolescencia, el paso de la niñez a ese terreno movedizo que algunos llaman edad adulta, otros madurez y otros, simplemente, la niñez perdida. Entre estos últimos suelen contarse los especímenes líricos, y por tanto, Labordeta. En este libro se ve, mejor que en cualquier otro desde *Las Sonatas*, cómo una serie de imágenes, de vivencias infantiles se sobreponen a la realidad, por buena o mala que ésta sea, y cómo también esas vivencias primeras o primerizas no son ni buenas ni malas, simplemente *son*. Pero lo son de tal modo, con tal fuerza, que sobreviven a la prueba del tiempo de las ideas, de la política y hasta de la muerte misma.

Siendo un escritor de temperamento elegíaco —lo épico de sus canciones es siempre elegíaco, con más o menos entusiasmo en la profecía, véanse el *Canto a la libertad* y *Aragón*—,

Labordeta conserva siempre un reducto propio, minúsculo pero imantado, al que van a parar todas sus reflexiones sobre el tiempo. Está contado aquí, en las mejores páginas del libro, cuando nos habla del niño asomado a la ventana y viendo el incesante tráfago del Mercado, asombrado por la interminable multiplicidad de las cosas que los humanos son capaces de acarrear en la vida, cuando, generalmente, la vida le parece al poeta sólo la posibilidad de pensar su fin, de meditar sobre la muerte. Pero sobre este hecho de razón se alza la memoria cautiva de unos años sombríos y al tiempo soleados, de una tristeza en el aire purificada por los pulmones de un niño que todo lo cura con sus ojos abiertos.

Pasan los años, a veces pasan años sin vernos, pero sigo sabiendo de él y de sus cosas, y cuando a veces me pregunto: «¿pero por qué demonios dirá esto, firmará aquello, se meterá en esta candidatura política y se juntará con tan malas compañías?», finalmente vuelvo a ese niño que Labordeta al tiempo aguarda y exhibe siempre, el que mira al Mercado, el que va a Belchite, el que contempla los estragos de la guerra y el luminoso disparate de la literatura zaragozana —perdón, de la literatura que se hace en Zaragoza— durante la larga noche que siguió al Acontecimiento, al Hecho, a eso que Miguel Labordeta definió así: «*eran siglos podridos reventando*» y que en la noche nada epilírica, más bien tragilírica, del alcohol, los deseos (todos los deseos) prohibidos y los amaneceres yertos de esa generación de buenos, de excelentes poetas —de los que, por cierto, yo casi terminé una antología que debe haber perdido Labordeta o tener criando polvo en algún cajón, aunque creo que no era del todo mala— termina siempre por aparecer: la Guerra, con mayúsculas. Cuando veo alguna cosa de José Antonio en política que no comprendo, recuerdo esos años bohemios, perseguidos y apremiados por un fantasma político, y digo: bueno, otra vez la Guerra. Entonces recuerdo —cito de memoria— otro verso, o dos versos: «*... los viejos proletarios del barrio de San Pablo / han quedado en silencio*», y hasta acabo alegrándome de mi primera consternación, porque eso significa que José Antonio sigue siendo, sigue estando, hasta donde uno puede ser y estar, donde lo conocí, hace de eso veintimuchos años. Saber que Labordeta sigue ahí es hoy para mí algo parecido a lo que le pasa a él con algunas calles, pueblos, plazas y rincones que habiendo sido reales han pasado a mejor vida, a mejor realidad en la memoria.

Cuando conocí por primera vez a Labordeta tenía catorce años y cuando empecé a tratarlo, y más que a tratarlo, a quererlo, a admirarlo, quince. Fue en el Instituto de Teruel, y luego en el recién fundado Colegio Menor «San Pablo» al que nos trasladamos en bloque todos los becarios del «General Pizarro», ávidos de la libertad y, por qué no decirlo, de la novedad que aquellos profesores jóvenes traían de golpe a nuestras vidas. En el Instituto reinaba Eduardo Valdivia; en el Colegio, su dueño y fundador benevolente, Florencio Navarrete; y en ámbitos más eclesiales, o entre eclesiales, editoriales y políticos, Eloy Fernández Clemente; pero los que realmente se llevaban el gato al agua eran Labordeta y Pepe Sanchís Sinisterra, dos tipos absolutamente diferentes que resultaron complementarios. Había otros muchos profesores de entonces realmente maravillosos, desde Amparo Benaches, que me perdonaba las horribles láminas de dibujo que yo perpetraba para que no perdiera la beca o manchase mi expediente, hasta los de Religión o Política, que eran unos pedazos de pan, o Marie-Claude Grelier, de francés, a la que rendimos blanca devoción lo suficientemente oculta desde los doce años como para que su marido, Cebeira, que nos daba Filosofía, no se diera cuenta. Ella, no sé. Era aquel un centro absolutamente disparatado, donde coincidían en una misma cátedra, la de Química, una víctima del Gulag y un maoísta de Valencia. A mediados de los sesenta, Teruel era lo más progre de España, lo que pasa es que España no se daba cuenta. Y Teruel, tampoco.

Con Labordeta y Sanchís como motores y agitadores, la verdad es que a los quince años hacíamos cosas que sólo se veían en las películas, por ejemplo, tomar el té en casa de los profesores —recuerdo la primera tarde y lo guapísima que estaba Juana—. También hacíamos teatro, y unas obras las dirigía Sanchís y otras Labordeta. El hoy famoso pintor Gonzalo Tena bordó un Shylock imponente en el Teatro Marín, y yo me tuve que conformar con un papel pequeñito en *La zapatera prodigiosa*, donde Mari Carmen Magallón, la chica que todo lo hacía bien, excepto darse cuenta de que yo existía, era la zapatera sandunguera. Con aquella obra llegamos a la final nacional de Teatro Juvenil, en Orense, que creo se llevó el grupo Esperpento dirigido por Alfonso Guerra. Naturalmente, con trampas, porque eran todos universitarios, o sea, viejísimos, y nosotros no pasábamos de los quince o dieciséis. Luego niegan algunos que la historia es maestra de la vida. ¡Y la vida de la historia!

Al año siguiente Labordeta nos dirigió a Fernando Sarrais, Gonzalo Tena y a mí en la obra de Mrozeck *En alta mar*, que era la repera de la vanguardia, y Labordeta se reservó el papel de un mayordomo que acudía a la balsa de los náufragos caníbales —el pez grande se come al chico, era la moraleja; y el chico, naturalmente, era yo— y apareció arrastrándose y con las barbas cubiertas de polvos de talco por el escenario del teatro del Sindicato Vertical —donde también fundaron, hasta que se lo cerraron, el Cineclub Luis Buñuel—. El disfraz era surrealista y *distanciador*, pero no lo suficiente como para que una de sus hijas —Ana, supongo— dijera con gran alborozo: «¡Papá! ¡Es papá! ¡Mira, mamá, ahí está papá!», con lo que conseguimos una *distanciación* que para sí la hubiera querido Bertolt Brecht.

Hablo del teatro porque cada uno de aquellos años estuvo marcado por una obra o dos, pero también podría hacerlo del Colegio, de cómo daba las clases de Historia del Arte Labordeta y su diferencia con las de Literatura de Sanchís. Sin embargo, puesto que en este libro se alude a ello, contaré algunos detalles sobre el nacimiento de la Canción Aragonesa, que tuvo lugar allí, en Teruel, en aquellos años.

Todos sabíamos que Labordeta tocaba la guitarra y tenía buena voz —era lo que faltaba para que todas las niñas se pirrasen por él, monógamo impertérrito—, así que en la fiesta de fin de año del «San Pablo», por instigación secreta de Sanchís, yo, que presentaba la función le invité por sorpresa a deleitarnos. Y lo hizo, pero cantando un corrido mexicano.

Sin embargo, ya estaba componiendo lo que sería su primer disco. Y tan pronto oyeron Joaquín Carbonell y Cesáreo Hernández, que eran los que tocaban también la guitarra, al maestro convertido en cantautor, se lanzaron a cantar y a componer, entonces como dúo y, luego, Joaquín en solitario.

La primera vez que cantaron todos juntos fue en Torrebaja, el pueblo de Cesáreo, donde hicimos unos entremeses de Cervantes de lo más aparente —yo hacía un papel cómico en *La guarda cuidadosa*, peleando con un soldado enorme con un palo y un calcetín, pese a lo cual conseguía el amor de la hermosa Maripi Navarrete, que en la vida real disfrutaba Joaquín— y, como segunda parte, los grandes estrenos musicales de José Antonio Labordeta y Cesáreo y Joaquín, o Joaquín y César. Labordeta cantaba *Las arcillas* y se hacía un silencio sepulcral. Luego Cesáreo cantaba una versión fabulosa del *Arbolé*, de García Lorca, y la gente se derretía. Carbonell, que era el mayor de nosotros, cuando no le bastaba la vena satírica era muy capaz de imitar a Peret con asombrosa perfección, aunque esto, como lo de Labordeta cantando rancheras, tal vez resulte hoy demasiado desmitificador.

Fueron en fin, acontecimientos, años, inolvidables. Como yo ni cantaba ni tocaba absolutamente nada, no tuve más remedio que ponerme a escribir. Primero, poesía, para hacerle los honores al maestro —entonces a Labordeta todavía no lo llamábamos «El Machistre», nombre que él adoptó para unas crónicas disparatadas donde salíamos todos que echo en falta en esta edición y que espero se hallen para completar el libro en las sucesivas. Pero he de decir que Labordeta nunca me aconsejó escribir poemas. Al contrario, siervo del dicho, creo que de Ovidio, «¿Poeta? ¿Cómo intentas tan inútil carrera?», intentó encaminarme hacia la prosa, especialmente novelesca, y me dejaba *Pedro Páramo* a ver si me concienciaba. Tarea inútil. El primer año hizo un concurso de poesía en el Instituto en el que le dio el premio, naturalmente, a Mari Carmen Magallón, por un poema precioso de amor que empezaba así: «Y la nieve caía, mansa y suave...». Yo estaba contrariado por no haber sabido hasta entonces que se podía hacer poesía sin rima, porque en realidad no había leído nada de poesía —al año siguiente caí sobre la antología de Castellet y me enteré de todo, incluyendo cómo se escamotean a los poetas de las antologías— y supongo que también intrigado por saber a quién le hacía versos de amor tan bonitos y tan serios aquella chica tan risueña que lo mismo cantaba y bailaba *Cartagenera* que hacía teatro o que sacaba matrícula de honor en todas las asignaturas. Yo sacaba muchas, pero todas, todas no. En fin...

Allí también, en Teruel, se pergeñó *Andalán*, aunque su realización fuera zaragozana, con Eloy como contramaestre, quitaestorbos y, sobre todo, dinamizador político de un grupo en el que Labordeta invariablemente ponía la nota escéptica. Cuando habla aquí de la IDA, la Izquierda Depresiva Aragonesa, puedo dar fe de que no miente. Por eso es el perfecto «compañero de viaje»: porque duda del destino pero le gusta la compañía, a pesar del tren.

La devoción de Labordeta por el PCE nace de aquella reminiscencia lírica del proletariado de anteguerra y de su afecto a Vicente Cazcarra, encarcelado por su pertenencia al Partido y al que nos recordaba cuando se ponía confidencial. Es curioso que, precisamente por su influencia intelectual y la de Pepe Sanchís, yo empezara a trabajar con el PCE nada más llegar a la Universidad, donde me captó una mujer encantadora, Elena, cortazariana empedernida, que me llevaba *plumcake* a casa para desayunar y así sacarme de la cama y llevarme a las asambleas, manifestaciones o lo que fuese. En cambio, yo creo que Labordeta no llegó nunca a tener carnet, cuando su mayor compromiso era precisamente la admiración, o aquella juvenil y dolorosa compasión ante la represión y el sacrificio, para ser más precisos.

La única actividad clandestina en que le recuerdo fue una noche, por cierto gélida, en que transportamos un centenar o dos de su libro-disco *Cantar y callar* en una furgoneta a un local que servía de almacén clandestino al PCE, que los distribuía luego en sus células a precio de amigo. Era el año 70, si no recuerdo mal, cuando le dieron el traslado a Zaragoza y yo hacía segundo de comunes. No puedo decir que lo veía mucho o que me prestaba libros; la realidad era que, a cambio de esa antología de poesía aragonesa que nunca vio la luz, saqueé su biblioteca casi a diario. ¿Cómo se paga eso al cabo de los años? En Sanchís yo tenía dirección, formación, Umberto Eco —el de *Obra Abierta*, claro—, Goldman, Lukacs, Arnold Hauser, Engels, Freud, Wilhem Reich; en Labordeta tenía café con leche y Proust, Joyce, Torrente Ballester, Don Juan Rulfo, Cortázar, Borges, César Vallejo, ay, *Trilce*, León Felipe, los surrealistas —empezando por su hermano Miguel, que acababa de morir—, y si atardecía, coñac.

Enseguida Labordeta se hizo famoso, y más tarde, también me hice yo. Dejamos de vernos, la última vez fue en Madrid, en una manifestación bajo la lluvia. Pero entre los quince y veinte años fue una de las personas más importantes de mi vida. Yo había perdido mi padre a los dieciséis. Calcúlese la devoción.

Lean, lean ustedes, olvidando mi parcialidad, este libro. Si les gusta la mitad que a mí, les gustará muchísimo.

FEDERICO JIMÉNEZ LOSANTOS

Para Félix. Él ya sabe por qué.

EN FILAS DE DOS EN DOS

10 de marzo
cumpleaños feliz

Nunca vuelven
los infinitos
días
de la infancia...

ITINERARIO

Cuando José Manuel Blecua
iba al colegio

La plaza del Carbón y la del Carmen,
la calle del Azoque
en donde el Iris Park
anunciaba con luces los filmes de Charlot.
Y luego el Coso
con el enorme recinto de Escolapios,
allí donde el buen Goya
sufrió los avatares escolares.
Después Cerdán, con tiendicas menudas
de objetos artesanos, fajas la Bayonesa
y el sabor a pan tierno
que desde el horno invadía la calle.
Y el Mercado Central
repleto de palabras, tomates y lechugas,
anuncios de pescados
y ternascos menudos recién nacidos.
Al final Buen Pastor con Don Miguel mirando

los inocentes rostros de los niños
que iban ascendiendo, lentísimos, aquellas escaleras
tan pinas, tan cansadas,
tan viejas ya de alumnos que se fueron.
Y las campanas luego, desde San Cayetano,
anunciando el Rosario de las seis de la tarde.
Todo, como en un cliché
perpetuamente detenido.

CUENTO DE SAN CAYETANO

El viejo y sombrío edificio que albergaba las aulas del Colegio Central amanecía turbio en las densas mañanadas de niebla del invierno zaragozano. Los alumnos cobijados en enormes bufandas —obra y gracia de sus ahorrativas mamás— permanecían apretujados a las puertas de San Cayetano, la iglesia que presidía la plaza, esperando que el párroco —un anciano cura dicharachero y divertido— las abriese para cobijarse en los adentros de la friera desolada. Las alumnas, tan comedidas y cursis, se arrebujaban en el portalón enorme del edificio del Colegio. Desde los balcones superiores los alumnos internos, que a esas horas tomaban su desayuno insoportable de pan negro y café desnaturalizado, daban gritos saludadores a los compañeros y enviaban a las muchachas recuerdos cariñosos para los sabañones crecidos en las mesas camillas familiares y en los braseros de carbón vegetal. Los más pequeños, como asombrados, permanecían sentados en los bordillos de las aceras esperando que la campanita del Centro sonase para correr hacia el portón, subir las escaleras y calentarse las manos en los tibios radiadores de las aulas destartaladas. Algunos mayores, repasaban apuntes. La mayoría permanecía en silencio y con el pensamiento puesto en las asignaturas que no habían estudiado y que durante la mañana le iban a producir algunos encontronazos con las manos, los cepillos o las correítas que los profesores utilizaban.

Por las calles del Buen Pastor, los hortelanos, recogidas sus últimas verduras de la otra plaza colindante, ascendían la cuesta azuzando a las bestias que arrastraban cansinas los carros exhalando por sus narices grandes bocanadas de vaho. Sólo el chorro de agua, manando del cántaro de una Samaritana imperturbable, mantenía el tono vital en esas horas en que la modorrera es superior a las ansias de gritar, correr o hacer otras cosas que no fuesen fumarse a escondidas un cigarrillo adquirido la tarde anterior a la abuelica de la esquina o sustraído al paquete de «caldo de gallina» de algún padre descuidado.

—A mí —murmuraba un chatudo y feo barbilampiño— lo que más me jode del Pino es que cuando te da una hostia, como está tan delgado, te la da con los huesos y te marca la falange, la falangina y la falangeta.

Casi nadie reía la broma porque las terroríficas clases de esa asignatura recorrían en ese momento las cabecitas ilusorias de los adolescentes y todos sentían las distintas bofetadas que en muchos años de asistencia a aquellas clases les habían ido marcando el rostro y la memoria.

El García —al que todos llamaban el «alemán» porque hablaba un castellano dificultoso— lo decidió de golpe.

—Hoy me va a cascar su padre. No tengo ni puta de latín ni sé nada de matemáticas, así que agur.

Tomó unos libros que había abandonado sobre las escaleras de la iglesia, se arrebujó en su enorme abrigo de color canela —«había sido de su hermana» según aseguraba el

Perdigueras— y comenzó a cruzar la plaza mientras algunos internos le gritaban desde el balcón: «¡Alemán, que ha dicho Trajano que hoy te toca a ti poner la jeta!». El García les hizo un corte de mangas y arreglándose las gafas semicaídas continuó su camino. De golpe, y sin pensarlo más, se añadieron a él el Perdigueras, con su aire somarda y de cachondeo, el Sanz, de aspecto atlético y tranquilo, el chatudo y feo barbilampiño al que los compañeros le llamaban el Foxte —por su parecido con esos perros—, el Palacios, más conocido por el Poeta pues además de escribir versos y leer a Lorca y Alberti, andaba en los alegres aledaños de la inopia, el pasar de todo y sufrir a la vida y a los padres como si de un calvario se tratase.

Al llegar a la plaza donde se levantaba el enorme Mercado Central oyeron lejana la campanita del Colegio y el García musitó:

—Dentro de media hora vendrán por nosotros.

—¿Adónde vamos? —preguntó el Perdigueras.

—A los billares —respondió el Foxte con su habitual falta de imaginación.

—¡Estás loco! —le explicó el Sanz—. A estas horas están cerrados y allí será el primer lugar donde nos busquen.

El Palacios, que se caracterizaba por ser un conocedor furibundo de los intríngulis de la ciudad, dijo:

—Vamos al Ebro. Desde ayer están amarradas las almadías de los madereros debajo de la pasarela y a estas horas nunca hay nadie. Con lo que llevan podemos almorzar y a nadie se le va a ocurrir venirnos a buscar a ellas.

—Hace mucho frío —se quejó el García.

—Pues ponte calcetines, coño —le soltó el Perdigueras—. A mí —añadió— me parece un buen sitio.

Y cuando el Perdigueras decía algo a los demás, nunca se sabía muy bien por qué, obedecían.

Fueron bajando por entre callejas diminutas, de cuyos patios salía un olor agrio y húmedo, hacia las orillas del río. Restregándose los bolsillos sacaron dinero bastante para pagarse el peaje de la pasarela y ya en el centro de ella, se detuvieron a ver el río y a sentir el dulce balanceo de aquel puente de maderas sujetas al aire por unas enormes sirgas. A su derecha quedaba la ciudad fantasmagórica bajo una niebla cada vez más densa. A su izquierda la arboleda de Macanaz semejaba una visión de Gustavo Doré, según dijo el Palacios, en la que de un momento a otro podían aparecer caballeros medievales atacando al enemigo y salvando de las fauces de los dragones a hermosas princesas rusas.

—Estás más pirao y más salido que un batallón de carabineros —le cortó el Sanz.

En esta circunstancia alguien les saludó a sus espaldas.

—Hola.

Se giraron y ante ellos un compañero, el gordito Gómez, los festejaba con una sonrisa de par en par.

—Hola —le respondió el García—. Vaya horas de ir al Cole.

—Mi madre, que está enferma.

—Venga, venga. Siempre andas diciendo lo mismo y cada día te dan dos hostias por llegar tan tarde.

—Es que me duermo. Como mi madre se va al trabajo, me quedo dormido.

—Pues vas dado.

—¿Por qué?

—De menuda leche estaba el Dire. Nosotros para evitar el combate nos hemos declarado en retirada.

Gordito Gómez —rubicundo y entrecejo— se quedó dudando hasta que añadió:

—Me uno a la retirada.

—Ni hablar —dijo el García—, eres un patoso y siempre la cagas. Lo cagas todo.

Ninguna voz se puso del lado de García y el Gómez se unió a la expedición matinal.

Palacios, que llevaba fama de solitario navegador de aventuras urbanas, oteó el horizonte y cuando comprobó que no había nadie dio la señal y fueron saltando, de uno en uno, hacia las almadías. Gómez estuvo a punto de caerse al agua pues con el vaivén de los otros compañeros los troncos se habían separado de la orilla unos pocos centímetros, los justos para que el salto del Gordito casi se cumpliese en las heladas aguas del río.

—Con éste la joderemos —reincidió el García—, ya lo veréis.

Cinco o seis almadías unidas formaban una nabata y allí, en aquellos momentos, se encontraban varadas más de ocho largas filas de estos primitivos transportes. Saltando de una a otra casi se llegaba a la mitad del río y justo en la última los nabateros guardaban los comestibles.

Sentándose sobre los fardos dieron comienzo a un par de botellas de vino, a unas cuantas chullas de cerdo entreverado, a un pan duro y correoso y a una larga ristra de chorizo picante que pronto hizo olvidar al García el frío espeluznante que la niebla y la humedad del río le habían cubierto las manos y los huesos más íntimos de su «delicado cuerpo» como él mismo se autodefinía.

—Esto parece Groenlandia —dijo el Sanz que siempre gustaba de exagerar todas sus aventuras.

—Con una diferencia —explicó el Perdigueras—, que allí no se verá el Pilar.

—¡Quién lo sabe! —se atrevió a comentar el gordito Gómez. Esta opinión le sirvió para recibir un golpe en la espalda de Foxte que estuvo a punto de producirle una tragantera de tal tamaño que ya pensaban que se ahogaba. Cuando se le pasó —«éste la caga, siempre la caga» repetía viéndolo ponerse morado el García— se quedaron en silencio. Alguno sacó un cigarrillo de «caldo de gallina» y mientras lo liaba el Perdigueras, el paisaje se ensoñaba casi de cuento de hadas. Las fachadas aparecían y desaparecían. Las torres de las iglesias huían a veces para descomponerse en líneas curvas y versátiles. Las pocas figuras humanas que andaban presurosas por la orilla del río recordaban cuadros de impresionistas franceses.

—Parece un sueño —suspiró Palacios.

El sueño se lo cortó una voz —¡hostias, el Pino!— que desde la orilla les mandó volver. Se arrebujaron entre los fardos y alguien dijo «si tiene cojones, que venga a buscarnos». El gordito Gómez aguantó hasta que la voz dijo, «a quien venga no le pasará nada», y sin más salió de su escondite y corriendo repetía: «Yo no quería venir, yo no quería venir». Y el Palacios murmuró: «¡quijoputa!» mientras se amodorraba contra los troncos de tal modo que el olor del río le cubrió todas las narices. El García, mirando la indecisión con que Gómez saltaba las almadías, repetía: «éste la caga, éste la caga». Y cuando lo vio zambullirse en el río, salió de su escondite y gritó: «¡La ha cagao!». Y el grito se repitió como un eco dramático entre las cortinas de niebla que, cada vez más densas, cubrían las aguas como si de vapor se tratase.

Como locos salieron corriendo hacia el lugar de la zambullida. Como locos gritaron ellos y el Pino y como locos vieron cómo las nabatas se cerraban, se abrían, se separaban y al final sólo el silencio recibió las campanadas de las diez en las torres del Pilar.

Dos días después apareció el cuerpo del Gómez en las arcadas del Puente de Piedra. En silencio lo acompañaron desde el Depósito al Cementerio en una mañana en que la ciercera había arrastrado los jirones de niebla y el sol lucía frío por las estribaciones de Torrero. Y en silencio, durante más de un mes, sufrieron las clases sin intentar pirolearlas. La imagen del Gordito dando el salto angustioso se les había quedado en la retina y cada vez que se cruzaban con el Pino éste murmuraba: «¡A hostias os mataba yo! ¡A hostias limpias!».

EL MERCADO CENTRAL

... mientras los otoños sedimentaban
de pálidas sangres
las bodegas del Ebro

MIGUEL LABORDETA

Por unos instantes nos quedamos detenidos: La foto fija. La foto amarillenta que nos trae los recuerdos, los vagos y lejanos recuerdos de una tarde de los años cuarenta —los vagos y lejanos recuerdos de una tarde de verano— mientras unas familias rescataban del agua las frutas que vertía hacia el Ebro el chorro del Mercado y unos pescadores de madrillas lanzaban, una vez y otra vez, su anzuelo al borde mismo de las aguas y desde arriba, desde lo alto, desde la barandilla, justo donde asistimos a la foto fija, los pescadores de barbos tiraban sus anzuelos con muy poca esperanza, pero con todo el tedio capaz de ser acumulado en aquellos años, finales años de los años cuarenta, mientras nosotros, apenas unos niños, quedábamos detenidos para siempre en esa foto fija, amarillenta y vieja foto fija con toda nuestra ingenua tristeza en el costado.

Y luego, a la hora de comer, dejábamos atrás el Ebro, la «pasarela», la vieja vendedora de cacahuetes, almendras, pepinillos y tomando por la calle de Antonio Pérez —Antonio Pérez torreón de la Azuda— desembocábamos de nuevo, siempre de nuevo y repetidamente, en el gran mamotreto de hierro, de frutas, de pescadores, de carnes, de verduras, alrededor del cual crecíamos tanta gente, tanta historia, tantas noches de ver cómo llegaban los viejos hortelanos —enmantados en invierno— y descargaban sus frutas, sus verduras por el suelo, a esperar la mañana. A esperar la mañana se formaban las colas, por Buen Pastor arriba, con la esperanza de llegar a encontrar la carne congelada traída de Argentina. Colas de padres, de madres, de abuelos y de nietos: colas de días enteros para matar las hambres que nunca comprendimos por qué nos las habíamos ganado. Hambres que resultaban después de aquellas noches aterradas de espanto, metidos todos juntos en el hondón profundo del último rincón de la casona enorme de los condes de Gabarda. Repicaba después San Cayetano los domingos y fiestas de guardar y esas dulces mañanas, que uno nunca olvida, parecían calladas sin nadie en el Mercado.

Otras noches, pegados al balcón, veíamos prostitutas baratas ofreciendo su encanto a hortelanos, obreros sin trabajo, jubilados. Y cuando hacían trato lo cumplían detrás de las casetas de madera —mercerías, helados y un quiosco de libros de recambio— mientras con la mirada intentábamos ver lo que nunca veíamos.

Luego después, cualquier tiempo después, cuando el invierno, cuando el cierzo ventea esta ciudad de todos los demonios, las personas enormes del Mercado golpeaban la noche una vez y otra vez con un ruido cascado, como roto.

Aquellas noches, los hortelanos llegaban ya hacia el alba, a aquella hora en que el café Aurora abría sus puertas para dejar tomar algo caliente a los últimos bohemios de esta tierra, que, durante horas y horas, habían paseado por San Pablo o las Armas. A esa hora del alba se metían en el Aurora también las hortelanas cubiertas de toquillas, refajos y tristeza. Allí la barahúnda se hacía insoportable. Todo el mundo quería salir del frío desgarrado de las primeras horas de la mañana contando sus historias a gritos. Era un ir y venir de gentes con olor a borraja, a acelgas, a escarola, a hierbas comestibles. Y después, mientras los basureros limpiaban las aceras, mujeres enfermadas ofrecían el pan del estraperlo, el pan blanco que resultaba entonces un lujo muy poco cotidiano.

Y se crecía. La foto fija se iba quedando atrás, amarillenta, mientras unos y otros tirábamos arriba, cada cual haciendo los posibles por salir de aquella vía muerta. Pero el Mercado estaba igual. Y el barrio persistía. Hacia Predicadores la Cárcel de Mujeres seguía mantenida. Y frente a ella, en una churrería, se tomaban, de vuelta de esas noches hirientes, una cazalla dura junto con chocolate y churros de rosca. Y al final siempre estaba el Mercado presidiendo la historia.

Una tarde de junio, hacia el verano, el revuelo crecía por el Mercado entero: un cadáver había aparecido en una tienda en la calle las Armas. Y como únicos ciudadanos libres que éramos los críos corríamos a la tienda para ver el cadáver, y ver cómo lo colocaban en el adentro triste del furgón de la Sangre de Cristo. Y escuchábamos luego las historias de aquel asesinato que, según se decía, habían sido maquis que habían descendido desde Francia a vengar otras muertes. Y nosotros, que no entendíamos nada, pero intuíamos todo, repetíamos la muerte, los rumores, la posición del muerto y su mirada, mientras en casa nadie quería saber nada. Siempre el silencio a cuestas y a la espalda.

Y el enorme Mercado, presidiéndolo todo. Haciendo de testigo, de callado testigo mientras entre su sombra se iba creciendo. Tiempo después, ya con la foto fija perdida entre papeles, olvidos y traslados, entrabas por adentro del Mercado Central y saludabas a viejos compañeros de escuela o correrías por San Juan de los Panetes. Los saludabas detrás del mostrador de la carnicería, o la charcutería, mientras comprabas algo que llevarte a la boca para recuperar los sabores perdidos por la asepsia infernal en la que nos están haciendo vivir en las ciudades. Y ahora, de súbito, te enteras de que quieren tirarlo, hacer un nuevo paso del asfalto —igual que hicieron con el paseo de la Independencia— y preguntas por qué, y te responden que son los nuevos tiempos. Y te acuerdas de esas ciudades viejas europeas donde nadie puede destrozar una piedra porque la historia es patrimonio de todo ciudadano y no de Ayuntamientos que nadie sabe cómo llegaron a formarse y a destruir la historia totalmente. Ya la han roto bastante: ¡Que nos dejen tranquilos! Y poder pasear y tomar un café en la terraza del Aurora contemplando la mansa figura del Mercado central de verduras y frutas.

SILENCIO

—¡Calla niño, —le decía la madre a su hijo— que hoy está muerto el señor!

Y el muchacho, que no entendía mucho, se guardaba su tarareo para mejores ocasiones, pues aquellos Viernes Santos de entonces, de cuando el nacional-catolicismo asentaba sus reales en todos los hogares hispanos, eran de silencio y agobio. Sólo la música clásica salía de los aparatos de radio y las gentes, con su tedio entre las manos, acudían a ver los monumentos y esperaba la salida de los pasos de Semana Santa como agua caída de mayo para respirar un poco el asfixiante aire de muerte que sobre todas las poblaciones del país se cernía.

Era un tiempo de colores morados y ahora, cuando uno ve a lo que hemos llegado se atraganta de recuerdos sombríos, de silencios espectrales, de imágenes terribles, de cristos crucificados y de capirotes enzurizados en su anonimato.

Sólo los tambores del Bajo Aragón te sacudían en la cabeza para hacerte vivo. Y allí huíamos los que podíamos hacerlo, porque el resto permanecía agobiado en las calles y en las plazas esperando que aquel tiempo se lo llevase el aire, como un día se lo llevó y sólo el recuerdo, en blanco y negro, permanece mientras la televisión nos metía el Judas cada año y algunas de aquellas películas de Hollywood entre caprichosas y altisonantes.

Ahora, cuando la historia tiene otras palabras resultará extraño para muchos el sofoco de aquel tiempo que algunos nunca podremos olvidar.

TARDE DE TOROS

En los viejos tiempos de la España invertebrada me contaba mi padre que su padrastro le decía:

—¡Vamos, Miguelico, arréglate que nos vamos a los toros!

Y poniéndose sus mejores galas infantiles se cogía de la mano del viejo patriarca y con la ventera pilarista de los primeros días otoñales se subían por la calle de Pignatelli hasta el mismísimo coso taurino. Y dando vueltas a su alrededor aspiraban el aire de la afición, el tumulto de las gentes, la emoción de las cuadrillas entrando por la puerta grande y cuando el silencio renacía bajo los arcos de la plaza, su padrastro lo tomaba de nuevo de la mano y, con aire cansino, regresaban a su casa. La fiesta taurina no pasaba, para él, de un ojeo intenso de lo que por los aledaños del ruedo pasaba a esa hora de las cinco de la tarde. Y quizás debido a ese trauma infantil de mi padre, desde mi más tierna edad —si es que alguna vez la edad es tierna— me venían ganas de meterme dentro de aquel recinto que mi padre había recorrido por el exterior. Y mira por dónde a un viejo pariente lo enchufaron, allá por los cuarenta, como portero de la plaza. Y de su mano entré, por primera vez, en ese lugar en el que los viejos aficionados, sentados a mi alrededor, mascaban la faria, se recuperaban de la guerra civil y daban ¡olés! vociferantes a los últimos ídolos de la anteguerra y recibían con abucheos a las nuevas figuras como Manolete y Arruza.

Mi tío se sentaba en el ocho —creo que un tendido para los de gorra—. Me sentía cerca de los pases pintureros de El Estudiante y de Ortega y nunca acabé de entender la «honda» tristeza de Manolete. De Dominguín nunca fui muy fan aunque reconozco que era el ídolo de los renovadores, pero quizás yo ya intuía que un día él acabaría arrebatándome a Lucía Bosé —mi amor de adolescente— quedándose con las orejas, el rabo y la zozobrante danza de su hijo. ¡La infancia es tan tremenda...!

Por una y otra razón mi afición por las corridas de toros se fue afianzando. Y en las gloriosas tardes de grandes faenas —¡aquella de don Antonio Bienvenida y sus mil naturales!— regresaba a casa, me ponía en una vieja gramola el pasodoble de *Pan y Toros* e imitaba a los maestros, desde el paseíllo hasta la muerte, con una montera que era una caja de zapatos al bies y una muleta que no pasaba más allá de ser el mandil con que mi madre trabajaba en la cocina.

Con el tiempo y con la modernidad, las plazas se fueron quedando vacías. Pocos éramos los que seguíamos durante todas las jornadas soportando soporíferas ferias en las que los toros iban dejando la casta para dar paso a una lidia circense y pinturera. Se pusieron de moda las parejas. Primero El Litri y Aparicio. Del primero recuerdo un final de feria del Pilar en el que el público, enloquecido, pedimos para el diestro las orejas, el rabo y una pezuña con lo que la fiesta alcanzó casi el éxtasis. De Aparicio aquí, casi nada de nada.

Luego arrasaron la plaza Camino y Diego Puerta. Eran tan niños que a las madres terribles —como diría Lorca— se les encogía el corazón, fuese domingo o jueves por la tarde. Y los dos niños apretándose contra la fierecilla fueron llegando hasta donde llegaron. Y nosotros todavía en el mismo incómodo tendido del ocho.

Y llegó la pantalla panorámica, y los viajes en avión y el gran circo americano y con todo ello, El Cordobés, Chamaco y Platanito. Es decir, llegó el tedio, el asombro, el personal que venía a ver la «emoción» del despelote. Y uno, que se había hecho en el ocho, comenzó a abandonar su afición.

Y como la vida te avanza y un día te tienes que hacer hombre, me puse a preparar oposiciones y, mira por dónde, durante ellas tuve mi último contacto con la afición: en la misma pensión en la que yo andaba estaban de residentes Pepe Gracia, hijo y Angelito Agudo, torero en plazas marbellíes porque, como era rubio, le caía muy bien a las primeras turistas británicas aunque él, cada vez que tenía que matar, maldecía a su padre —sastre de toreros— por no haber tenido otra profesión.

Como uno no es demasiado tonto saqué mi plaza y me fui a Teruel de profesor. Allí la afición se quiso recuperar con las corridas televisadas, pero no hay nada más lejos de la realidad y huí para casi siempre de mi infantil memoria. Pero como el gusanillo es el gusanillo y la democracia había puesto de moda la taurofilia, el cante, la copla y las sevillanas y estas tres últimas cosas no me gustan nada, me regresé a mi vieja afición y hasta me saqué un abono. ¡Horror!: la plaza entoldada —como si fuera una verbena catalana—, los trajes de luces reflectantes, los puros azogando el aire y la «guapeza política» en los palcos de honor. Y en el albero un vacío digno de un réquiem mozartiano. Aguanté como pude todas las jornadas viendo orejas para los guapos toreritos de casa de papá y cuando finalizó la feria, me hice objetor de las corridas. Todo lo que había visto se despanzurró bajo el griterío memo de unos vecinos de localidad que pedían las orejas mientras se comían unos bocadillos kilométricos. Y como dijo el maestro Antoñete: «Donde hay pan y bulla, no hay toros».

Y desde entonces me pasé al futbito.

LA EDUCACIÓN SENTIMENTAL

VIENTO DEL ESTE

Nos llegó con la épica de las películas de Einseistein, justo con el carrito cayendo por las escalinatas mientras el acorazado Potemkin lloraba, al fondo de la bahía, por todos los revolucionarios caídos en defensa de no se sabía muy bien qué.

Nos lo fueron dejando con sobres cerrados, inmaculados sobres que hablaban de fraternidad y esas otras cosas que ahora casi da vergüenza escribirlas poniendo una letra detrás de otra hasta formar la palabra completa: igualdad, libertad, solidaridad.

A veces golpeaba en las puertas, en los oídos sordos de los viandantes, en los crepúsculos incinerados de las salvajes ciudades de esta humillante sociedad de consumo. Y hasta teníamos miedo de que nos arrebatara, de nuestras manitas de inocentes asesinos de ancianas, nuestro helado frigo y se lo llevase a los niños de cualquier lugar del mundo.

Pero gracias a los vigilantes de Occidente el viento del Este sólo llegaba a suaves ráfagas anunciando futuras utopías. Leíamos a Maiakovski y desentrañábamos la lujuria de Prokofief pensando que todo era como esos grandes e impresionantes artistas.

Pero el día que al fin el viento del Este vino sin impedimentos apenas si sobre el dintel de nuestra ventana dejó una tímida brizna de polvo. El resto, dijeron, había sido mero vacío sin otra amalgama que la soledad. Y tú y yo llorando por nuestra infancia perdida.

VIENTO DEL OESTE

Nos lo dijeron en las interminables tardes del cinema Iris cuando, despiadadamente, masticábamos el chiclé Tabay —¡Cacahué, caramelo!— mientras los soldaditos buenos de Arkansas levantaban la bandera en Guadalcanal ante el terror apabullante de los odiados japoneses que, con sus canoons y yashikas, no supieron derrotar al héroe aquel que llevaba en la boca a la estatua de la libertad.

Emocionados olvidábamos las tardes interminables de la agotadora gusanera zaragozana y hasta salimos felices de aquellos cines-cutres con la esperanza de que el día que aquellos chicos desembarcasen por las orillas del Huerva acabarían con el franquismo y con sus acólitos y nos traerían la Coca-Cola y el automóvil aquel que usaba Marlon Brando en las emocionantes películas.

Pero Franco se murió en la cama y los generales americanos, aquellos de la libertada bailando en París, saludaban en Atocha a nuestro jefe.

El viento del Oeste, si llegaba, venía en forma de leche en polvo y queso desnatado para alimentar a los hambrientos maestros de la más larga postguerra de la historia de la humanidad.

Y todos, con Elvis Presley, nos poníamos de modernos con los nuevos vaqueros traídos con aquel viento que decían sabía a Texas y a Oregón...

Detrás de todo, tampoco había nada y tú y yo, llorando por nuestra infancia destruida.

LA MALA REPUTACIÓN

Hoy hace nueve años que nos dejaba para siempre uno de los tipos más ilustres de nuestro siglo: Georges Brassens. Se iba en silencio y su cuerpo —él lo había pedido ya en una canción— descansaría para siempre en el pequeño cementerio de una bella y hermosa localidad mediterránea francesa: Séte.

Aquel veintinueve de octubre del ochenta y uno, yo regresaba de actuar en Murcia en un homenaje a unos militantes del partido comunista de España, muertos en un accidente de autobús. En la plaza de toros murciana hubo lágrimas y emoción y actuamos conjuntamente Víctor y Ana, Rosa León y yo.

Los naranjos valencianos, en otoño, resultan tristes y nunca supe si aquella tarde me parecían más tristes que nunca por la emotividad del acto o porque uno, en el fondo, presagiaba que alguna de las grandes columnas, que durante muchos años te habían servido para mantenerte en pie, cuando la depre te rondaba, se iba a caer definitivamente. A las diez Radio Nacional dio la noticia: Brassens había muerto y de golpe, como si toda mi vida se me viniera en imágenes, me vi atravesando la frontera, allá por los años cincuenta, con un LP clandestino en cuya portada había un gorila y un tipo irónico y dulcemente triste con su guitarra dispuesto a cantarte las más hermosas y amargas canciones que por aquel entonces se oían en Europa. Y desde aquel día me hice un «brasaniano» a tope.

Lo vi cantar en Marsella en el otoño del 59; me estremeció con su interpretación en La Puerta de las Lilas y, poco a poco, me fui haciendo, difícilmente, con su larga y rica discografía.

Brassens es único. Toda una concepción de la vida —tierna, amarga, irónica y desconfiada— se plasma en sus canciones o en las letras de poetas que él eligió para musicar. Algunas veces se le ha acusado de monotonía melódica a sus canciones hasta que harto, supongo, de estas malévolas críticas se reunió con una serie de músicos amigos y nos dejó, partiendo de sus melodías, un bello disco que puede muy bien mostrarse dentro de la riqueza jazística francesa.

Se declaró anarco burgués y cantaba que se podía morir por las ideas, pero lentamente. Ahora, cuando las ideas cambian de chaqueta y los muertos violentamente por ellas quedan en el olvido, comprendes, mejor que nunca, la sabiduría del viejo cantante.

Fue un gran poeta. Manejó el idioma francés como pocos y, a toda una generación que vivimos bajo la opresión católico franquista, sus canciones nos sirvieron para ser más libres. Gracias, don Jorge, mientras escucho tu tema para el viejo León —tu acordeonista— con toda la melancolía suave de este otoño caído a nuestra espalda.

LOS UNGUEJOLLOS

La víspera del Pilar, los tertulianos de la peña del Niké, despavoridos unguejollos como los definía mi hermano Miguel, iban aparcando por el fondo del café coquetón, dispuestos a que la noche fuese lo más larga y fructífera posible.

El primero en llegar era siempre don Ciordia —con estuario desbocado ya en las espaldas— y con su aristocrático y decadente tono oscense, se limitaba a decir:

—Ernesto: un vermú con ginebra cargadito de vermú y de ginebra.

Al poco llegaban los residentes poetas del barrio de San José: Julio Antonio Gómez y Raimundo Salas. Los dos con un don nicanor ofensivo cascándole al tambor y a la trompetilla como si fuesen los pregoneros finales de las rituales y aburridas fiestas pilaristas de aquellos años que en gloria estén con ellos; y avergonzados un poco por el escandaloso ritmo acelerado de las dos gruesas figuras de los poetas josefinianos, aparecían Luciano Gracia y Raimundo Salas. Luciano, que gozaba de la vida como si fuese un adolescente, se sentaba al fondo para no perder nada de lo que se venía, o se suponía que venía encima. Poco después iban viniendo los hijos de familia, los bohemios del centro, los universitarios y los últimos ácratas aparecidos por el crepúsculo de la ciudad. Gastón saludaba a lo Neruda; Rey del Corral imitaba a Bayron; servidor intentaba poner cara de Louis Jurdan —un actor de moda en el cine francés— y Vicentico, con su aire siempre clandestino, se sentaba tímido a ver por dónde las daban.

El tono, poco a poco, iba subiendo hasta que la aparición de Manolo Rotellar, acompañado por Emilio Alfaro, hacía rebrotar el humor encandilado de las primeras horas. Gil Comín Gargallo venía desde *El Noticiero* con su última crónica sobre poetas del veintinueve ya editada y Jesús Lizaranzy, que siempre tuvo cierto desdén por las fiestas patronales, se miraba a los espejos preguntándose: «¿Acaso soy yo mismo?».Y caía en un mutismo atroz sólo interrumpido por la llegada de Ferreró que, como buen poeta bucólico, saludaba a la Virgen en nombre de todos los enamorados del país. Y así, hasta que los «vates magníficos» —don Manuel Pinillos y don Miguel Labordeta— aparecían sobrecargando el peso del café de tal manera, que, a partir de ese momento, la nave comenzaba a navegar sin norte ni rumbo a través de unas horas clandestinas en las que los sensatos contertulios de la División Azul se ponían de pie y entonaban el *Cara al Sol*. Era el momento de partir porque a casi todos, y a unos bastante más que a otros, aquellas cosas les ponían al borde de amargos recuerdos.

Las calles, a esa hora, eran ya un tumulto de gentes subiendo y bajando por el Paseo de la Independencia y sus porches a la espera de que los periódicos del día siguiente saliesen al mercado. Toda la tertulia en pleno acababa comprándose don nicanores y arriba y abajo del Paseo se desfilaba a ritmos espantosos de un desafine total. Cuando alguna vetusta gloria de la Universidad zaragozana pasaba al lado de los clandestinos poetas, éstos, adoptando aspectos marciales, saludaban a coro al «magister» pedante y poco más allá un alarido de risas hacía salir corriendo a los imberbes universitarios temerosos de las represalias furibundas del mofado carcamal de las ruinas aburridas. La vida era otra cosa y ahí estaban las inútiles glorias poéticas con el cogorzo al borde ya del desenfreno.

Por último, los quiosqueros anunciaban la aparición de los periódicos locales, regionales y deportivos y, como voraces comedores de papel, los tertulianos hacían acopio de diarios para más de una semana. Luego la noche se hacía boterona y sampablesca y los más cutres tugurios eran decorados con las insoportables páginas de color local. De madrugada, los churros caían a golpe sobre los estómagos ateridos de cazalla, mistela y chocolate ácido. Poco a poco la luz de la mañana iba desdibujando los últimos acordes de los nicanores y, poco antes de que los tranvías volviesen a rugir por las empedradas calles zaragozanas, Julio y Ciordia, cogidos de la cintura, como dos vedettes del Oasis, entonaban aquello de:

> Por la calle de Alcalá
> va Manolo Rotellar
> con Bernardos apoyao en la
> cintura

Horas después, las calles tenían el aire dominical de cualquier día festivo.

OPI-NIKÉ '84

Cuando el inspector de la Brigada Político-Social —aquello que inventó el fascismo hortera del franquismo, para poner orden entre los ciudadanos— buscaba solícito al encargado de la Oficina *Política* Internacional, en uno de los maravillosos despistes en que la incuria policial caía, unos jóvenes alocados, amantes de Sartre, Proust, Lorca y demás «ratas» de alcantarilla, se dedicaban a recitar poemas entre el insufrible humor de aquel sudoroso alférez provisional que, *a hostias*, quería reconvertirnos a todos por entre las tapias del cementerio de Torrero. Los horteras de Sidney —joyeros de Alfonso, panaderos del mercado, notarios de ocultos bulevares— se reunían ignorantes de todo, en sus casinos para jugar al tute, sobar a la camarera o rascarse la entrepierna con el olor mugriento de los baratos prostíbulos de la calle de Palafox. Eso, y un gobernador civil y funcionarios engrisados del Movimiento y loquitas de la Sección Femenina y maricones acorralados por el machismo «imperial» de Gibraltar español, era todo por donde, milagrosamente, se andaba sobreviviendo. Y miércoles de ceniza, y viernes santo y aquello de *tres jueves hay en el año que relumbran más que el sol*, capaz todo de acabar con la inocencia de los niños, la sabiduría de los ancianos y la imaginación de los jóvenes. Y a pesar de todo, sobrevivimos.

Cuando el inspector anunció la suspensión del homenaje a los poetas surrealistas que se iba a realizar en la triple A (Agrupación Artística Aragonesa) a cargo de desalmados contertulios del Niké —ese adorable café donde las ancianitas de la localidad toman chocolate vienés con cruasán el martes por la tarde— otra vez los horteras de Sidney habían vuelto a bostezar ante la pertinaz manía de los jóvenes actuales para pensar por su cuenta cuando el Régimen ya ha puesto a su cargo la Organización de Educación y Descanso. El señor gobernador —otro de estos tipos de crónicas negras— le remarcaba al inspector lo que debía hacer con estos jóvenes vagos que todo lo politizan. Y las voces de Vallejo, Neruda, Lorca y Alberti se perdían para siempre en los bolsillos sudorosos del inspector de la Brigada Político-Social que se metía los folios de modo repletante en sus interiores. Otra vez esta asquerosa Sidney volvía a triturar el amor, la libertad y la palabra. Nadie se salvaba de aquella catástrofe y algunos hasta la sufrían en Burgos —Penal de...— o en exilios terribles o en cárceles locales —Torrero...—. No vengamos ahora a olvidarnos de todo aquello y se piense tan sólo que estos que ahora escriben eran niños que hacían palabritas azules en sus cuadernos escolares.

Cuando el inspector decidió acabar con el Teatro de Cámara y meter en cintura a sus politizados chicos, Luisito García Brines escribía mensajes de amor desde Yale (USA) recordando con nostalgia las tardes clavicémbalas del Niké y sus arrullos encantadores con las piedras que usaba como papel higiénico en los retretes. Los inspectores continúan y ahora, cuando los supervivientes del naufragio caótico del tiempo, deciden hacer una semana recordatorio-homenaje de sus años de OPI-Niké, el mismo inspector que prohibía todo acudió sonriente a felicitar a los acobardados contertulios que, al verlo aparecer en el pasillo del local de ensayo de la obra *La oficina de horizonte*, de Miguel Labordeta, exclamaron todos a coro: «¡Hostias, el Filaborte!».

Y el buen chico, ahora ya probo funcionario de actitudes reformistas, fue saludando a los antiguos contertulios. Las sudorosas manos se excusaban hablando del calor. En el fondo, uno podía ponerse nervioso viendo cómo los supervivientes de las represiones son los represores y no los reprimidos.

Y ahora, todos puestos en fotos, unos detrás de otros, siendo saludados por las autoridades y otros entes locales, nosotros, los tímidos chicos de la hortera Sidney, podemos ponernos a cantar de orgullo por haber pasado a la historia. Al fin ya somos inmortales. Igual que el inspector de la Brigada Político-Social. Menos mal que, a veces, textos como *La oficina de horizonte* de Miguel, que el Estable volverá a poner en escena el día 4, permanecen inalterables. Nadie ha podido manipular su mensaje, y ahí está, para descubrir el juego de unos años que todos tienen un enorme interés en olvidar. Sólo los poetas que vigilan los avatares desde lo alto del faro sobreviven. Lo demás es siempre silencio. OPI-Niké está estos días en el corazón agarrado de más emoción que poesía. Cada tarde alguien pondrá sobre las viejas tazas de café el ingenuo corazón de lo que hizo una ilusión con los clarividentes contertulios de la última mesa del fondo, al lado de la ventana, justo donde Ciordia leía la letanía apócrifa de los poetas judíos de Zaragoza —Sidney hortera y tal de los 50.

ÚLTIMA CARTA A JULIO ANTONIO GÓMEZ

Querido Julio: Nunca contesté a la carta fechada el siete de enero del setenta y seis. Sé que te envié el disco que me pedías y, unos meses después, tú me remitiste un diario tangerino escrito en caracteres árabes, y en el que me decías que un tal Mohamed Choukri traducía alguna de mis viejas canciones.

Como te conocía, no me lo creí. Bajé al bar de enfrente de casa, del que era asiduo, y a un colega sirio que andaba estudiando medicina por estos cotarros, le dije que me tradujese aquello que tú decías eran mis canciones. Y empezó a hablar de unos leñeros y de unas arcillas. Era verdad; pero no volví a escribirte para agradecerte aquella historia.

El tiempo pasó y fuimos sabiendo cosas tuyas a golpes, a desgarros. Luego me dijeron que estabas en Las Palmas. Fui a actuar allí y pregunté por ti, nadie sabía nada, nadie te conocía. Nunca viniste a mis actuaciones y, si viniste, por muchas razones que yo me sé y que comprendo, no viniste a saludarme para irnos de copas por las barriadas altas de esa ciudad.

El tiempo, que todo lo destruye y renueva, ha acabado con los viejos represores y ahora, de golpe, unos «monstruos» —como tú los llamarías— han sacado a la luz un hermoso libro con parte de tu correspondencia. Los monstruos han sido gentes que tú no conoces pero que están haciendo de esta tierra una tierra cada día más libre: Trinidad Ruiz-Marcellán que se embarca en una colección de libros como a ti te gustan, Antón Castro que es un náufrago entre metalírico y clandestino y José Luis Lasala que ha cargado a sus espaldas el hacer cultura donde no la había. Y entre los tres te han sacado el libro —¡agárrate!— en una edición subvencionada por la Caja —¿recuerdas?—, pues pásmate. Y ahí estas tú, Julio, con tu ironía, tu ternura, tu drama y tu orgullo. Con tu mitomanía y tu mitología. Para guía de navegantes jóvenes.

Y nada más. Te debía esta carta y me alegra podértela enviar junto a ese hermoso libro-libre que tanta falta nos hacía.

Besos hasta el más allá.

TIEMPOS DE *HABRÁ*

20 de julio

El mar no está
en donde estuvo.
Sólo, con la memoria,
inventaré lo que me vaya sucediendo
para no llorar
por todos los ausentes
de mi lado.

UN CUENTO TITULADO *ANDALÁN*

Eran años de duros subterfugios, años clandestinos. París ya no era mayo, había muerto, y en Checoslovaquia la libertad era otra vez terriblemente torturada. ¿Quién podía tener fe?, ¿quién esperanza? Apenas nadie. Caían los meses como muertos enormes sobre todos, y el sesenta y nueve se abría con un estado de excepción en el que todos los amigos —amigos clandestinos— huían por los viejos agujeros de aquel zapato viejo que a Vicente Aleixandre también se le llevó al río. Eran años —acababan los años de la década sesenta— cubiertos de amargura. Y en esta tierra los mostrencopaletones lo acotolaban todo, absolutamente todo. No había espacio ni para tomar el aire. Pero en Teruel —mudicos de la historia paletona— Eloifus el divino tomó la iniciativa de acometer, como una gran locura, la subida total hacia el gran Sinaí de la esperanza. Y sonreímos todos, benévolamente, pero reímos por lo bajo, como diciendo: «¡qué cosas tienes, Eloy, majico!». Y el intrépido acometió la empresa pavorosa de fundar un diario, sin más perras que las perras que daban los tristes salarios, y sin más apoyos que unos locos vencidos por la luz cegadora de la verdad contada en horas de vigilia por este Eloy cachondo, visionario. Y allí, bajo la estatua de ese torico hermoso y solidario, comenzaron los duros avatares de esto que ahora cumple los doscientos números de batallas, cotidianas batallas contra el poco dinero, la envidia, la cortedad de miras, el silencio. Allí, subiendo al Javalambre, fundó Eloy este rollo —y no el de Villanova— en una tarde gris de lluvia pavorosa.

LA SUBIDA AL JAVALAMBRE

Pocos fueron los que hicieron la marcha aquella tarde gris. Allí, entre peñas erguidas de aquel monte, andaba Anós-Mariano —un tipo que escribía poemas sociales amorosos en una Zaralonia indescifrable—. Y le seguía Conte —el Ánchel de L'Ainsa—, que andaba aquellos años sacando adelante el folclore perdido por los valles más altos de esta tierra. Y luego en grupo venían el Gastón con sus poemas y Gaviria, el de los planes nuevos de ciudades abiertas y optimistas, y Hormigón —Juan Antonio— y detrás, a paso canso, subía Luis Marquina con ese andar maduro del que conoce cosas y esperaba nuevos hechos. Y luego el Retortillo, Martín, alias Lorenzo, con esa digna dignidad de quien nunca se vende. Y llegaron a lo alto José Carlos Mainer y la Lolica Albiac con su francés a cuestas y Delgado, Jesús, que ponía la justa concepción de la piedra en medio del camino. Como locos, corriendo cuesta arriba, gritando, dando gritos de júbilo y alegría, llegaron el Fatás —hoy don Guillermo— y Royo Villanova. Traían la palabra de que esto iba a salir. Hay que empujarlo. Y al final, con ese aire de espanto, llegaba yo, cansado, depresivo, como no queriéndome creer lo que hoy estaba viendo, pensando que mañana, cuando saliera el sol sobre esta tierra, este sueño sería sólo un sueño. Y mira por dónde aquel día también me equivocaba.

En lo alto del monte, con tortilla de patata y un poco de vino de Longares, hicimos la estrategia. Lo primero, se dijo, era bajar al valle. Y bajamos. Todos juntos, unidos de las manos, para que las «tortas», si llegaban, nos tocasen a menos.

DÍAS DE SOL Y SOMBRA

Caminico del Ebro fue creciendo la parva. Allí se nos juntaron el serio José Mari Lagunas, los Carreras, hasta formar cincuenta ciudadanos a través de los años. Y ya a orillas del Huerva pestilente, comenzó la andadura. Eran tardes de sol en aquel piso de Eloy, frente a las huertas, donde pegamos textos y corregimos pruebas, mientras Marisa, compañera de Eloy, servía Coca-Cola y veíamos cómo moría Allende y con él tantas cosas que ahora no son posibles describiros lo que fue su esperanza. Y una tarde, cuando esta cosa había ya crecido, nos fuimos a sentar en San Miguel, la calle, metidos allá arriba en abuhardillado local.

Y allí llegaba don Gonzalo Borrás con unos riquísimos pasteles comprados en la esquina, «para endulzar el largo pegamento de galeradas y venga galeradas».

En el invierno frío, apenas con un pequeño camping-gas se escribían rabiosos editoriales repletos de esperanza, de amargura y tristeza. Se salía adelante como se iba pudiendo. Y cuando ya el cansancio te vencía, cuando el sabor amargo de los días te tenía cogido, Eloy se inventaba reuniones larguísimas allá en las benitas donde entraban más nuevos, más gente para empujar el hombro a esta locura. Y llegaban Granell, Chicón y Larrañeta. Y llegaba el pequeño Delgado clandestino con su aire gramsciano y dolorido. Y una tarde, reunidos allá en el Pignatelli, recibías la noticia brutal de la muerte de Carrero Blanco y esperabas que pronto, quizás antes de lo esperado, recibiéramos visitas de gentes que vendrían para que les acompañásemos. El tiempo sucedía y esta tierra, que hasta entonces era una vaga cosa que quedaba entre Vasconia y Cataluña, empezaba a emerger, tenía ojos por donde llorar y oídos para oír y labios para hablar y una boca —*Andalán*— para gritar. Quizás aquellos años gritamos demasiado. Pero aun con gritos no éramos escuchados. Nos emigraba todo: las gentes, el dinero, el agua, el carbón, los pueblos y la fruta, y hasta era difícil comer ternasco tierno porque también se iba a los grandes mercados. Y así, con esa soledad, fue el Marraco analizando Huesca, y Biescas todo el gran territorio que aquellos años —y aun hoy— andaba muerto. Desde todos los sitios llegaban suscripciones, apoyos —cómo olvidar ahora al gran Pablo Serrano echándonos su mano— y cómo olvidar también a gentes anónimas que llegaban temerosas al nuevo ya San Jorge con veinte duros viejos a apoyar este pobre papel tan sólo solidario. Cómo olvidar a todos, que en un rincón o en otro, en una capital o desde lejos, te mandaban el ánimo y la fe en nuestra lucha. Cómo olvidar, decir, hoy a todos.

QUEDA TANTO POR SEGUIR SIENDO...

Y así, de esta manera, el sueño se hizo un hecho enorme y hoy ya casi está crecido, aunque le falte el ánimo primero.

Pero en este tiempo, ahora, ha pasado la historia por nosotros como un brutal siniestro, dejándonos perplejos, abobados, sin saber qué decir, a veces, y qué camino habría que tomar en este nuevo hecho. Surgen crisis, amigos que se van, que abandonan la nave andalanera porque terriblemente serios y sinceros piensan que este papel hay que cambiarlo. Otros, quizás los más viscerales, seguimos y gritamos los nombres de todos los que han sido, llamándolos a voces para que vuelvan, pues queda mucho Aragón por seguir siendo, pedazos de esta tierra que no son, que no existe, que son sólo silencio y que hace falta auparlos, aunque a veces a todos nos den ganas enormes de dejarlos. Hay que volver, quizás al Javalambre, sentarnos en sus piedras, tomar vino de tierra de Longares y volver a marchar hacia delante. Otra vez —¡Oh, Eloifus!— hay que hacer el camino. Somos de un depresivo que acojona.

Otro día escribiré anécdotas divertidas o chismes fraudulentos. Hoy me he vuelto a poner serio porque el tiempo se pasa y queda lejos. Lejos David Pérez Mainar y su consejo; lejos Eloy metido allá en Torrero y quedan tantas cosas allá en la lejanía que de pronto, escribiendo, descubres que han pasado los años y que todos te pesan sobre el hombro, sobre este hombro *Andalán* que todos hemos hecho desde tantos lugares y acomodos, desde tantos temores y esperanzas, desde tanta inconstancia y alegría. Hoy, enero ya setenta y nueve, te queda una tristeza en la garganta, mezcla de una alegría y una esperanza que todavía no has visto cumplida. Hoy enero, decía, llueve sencillamente en esta tierra y la cosecha, me aseguran, seguro que será buena. Siempre queda, decía, la esperanza.

P.S.A.

El P.S.A. ha muerto. Se ha autodisuelto. El fin de una hermosa utopía se ha cumplido. Otra esperanza perdida en un pequeño y viejo país tan necesitado de utopías y tan carente de ellas. Ha sido la victoria del «sentido común» sobre los sueños, la imaginación, el humor, la praxis con revoloteo de arcángeles y el suspiro de unos adolescentes camino del lecho del amor. Ha sido algo que se venía venir desde el principio, pues, en unas circunstancias tan alicortas y rancias, unos tipos ausentes de manejos, lejos de querer el poder —éste hace falta para transformar la realidad—, ¿usted cree?, nada tenían que hacer en un mundo donde la violencia es elemento fundamental para seguir creciendo. Y a los del PSA les gustaba ser pequeñitos, inocentes: pero con esa perspectiva se va corto en el camino, como les fue a ellos, aunque nunca nadie podrá decir que aquel día del mitin de La Salle, cuando por primera vez se volvía a cantar la Internacional, después de tantos años reprimida y atenazada, no fuese uno de los momentos más hermosos que esta tierra haya vivido. Fueron los días grandes del PSA, porque fueron días de utopía, sueño e imaginación. Cuando los «realistas» se hicieron con la realidad tal como a ellos les gusta, este complejo delicioso de internacionalismo, autonomías, borraja y pollo a la chilindrón, se vino abajo. Quizás había nacido demasiado pronto en un mundo arrollado por los *input* y esas cosas extrañas.

DE LA AUTONOMÍA AL FIELATO

Y aquello que queríamos ser a lo que somos lo marca muy bien el ladillo que encabeza este apartado: Queríamos autonomía —mejor dicho, queríamos federalismo— y nos han cascado un «fielato» que recuerda más a aquellos años de la postguerra en que, a la entrada de las ciudades, había que pagar «las puertas», que al sueño —otra vez la misma palabra— que en los 30 se propusieron unos aragoneses, de los de entonces, en Caspe. Esta autonomía resulta tan triste que cuando la Institución —no la toque que la mancha— se monta campañas de promoción, igual que Ariel, a los actos acuden de una docena de personas a veinte. Y todos tan contentos. Para celebrarlo se van hasta de cena, como si fuesen de fin de curso, aunque claro que para alguno de los «jerifaltillos» parece que va de eso.

Y es que de los viejos tiempos no queda nadie en la vanguardia autonómica. Porque ¿dónde estaban los Castellanos y compañía cuando el señor Franco mandaba en solitario? Obedeciendo y siendo probos funcionarios del Estado centralista y «madrileño». Subidos al Estado de las Autonomías se les pone siempre cara de inauguración de pantano —que es lo que aprendieron— y ningún gesto autonómico. Al menos el Pujol —(léase Puchol)— y el Garaicoechea —léase lo mismo— estaban en contra de aquellas maneras tan poco democráticas de tratar a vascos y catalanes. Ellos sabían lo que querían. Aquí, ni se lo esperaban. Los cogió con el pie cambiado, y así nos ha ido. Los «rojos» clásicos declaraban por las emisoras locales que eso de las autonomías es una cosa pequeñoburguesa. La derecha miraba de soslayo sospechando que el KGB manejaba el tinglado Suárez en un contubernio judeo masónico. Sólo unos enloquecidos que venían de largo con la boca llena de País, de Autonomía, de Socialismo y Libertad, llegaron hasta junio del 77 con la maravillosa locura de creerse el mundo. Y éste se los comió de un solo bocado. Como Gargantúa con varios bocadillos de calamares fritos.

AL FUTURO

Para el futuro quedan escasamente unos segundos. Y cuando usted acabe de leer estos párrafos el futuro ya habrá empezado con el interés que todo lo desconocido tiene para las gentes que amamos, precisamente eso, el futuro. Esperemos que alguien sepa el valor de esas siglas perdidas en el aire y tomándolas vuelva a encantar a tanto desencantado que al borde de militar en la I.D.A. —Izquierda Depresiva Aragonesa— se decide, a última hora, por volver a lo del «útil» y echar otra vez la papeleta en las opciones que quedan sobre el panorama. Pero aquella bandera de cuatro barras con tres estrellas seguirá ondeando en el corazón entristecido de muchos solidarios de esta tierra, que ahora cruje desesperada bajo el cierzo terrible que la asola.

LA CANCIÓN ARAGONESA

Posiblemente todos nos engañamos: pero no puede ser que de un tiempo de esperanza y de lucha no vaya a quedar nada. Seguro que todo aquello no fue un espejismo y que esta patria nuestra, y este país pequeño en el que cotidianamente hablamos, nos vestimos, amamos y luchamos, se merecen un futuro más bello y más claro que el que ahora les cruza por el rostro.

HUBO QUE INVENTAR CASI TODO

¿Qué había por ahí, en el panorama cultural de los años sesenta? Casi nada. En esta ciudad un grupo de locos publicaba revistas insólitas, versos terribles y, de vez en vez, daban charlas agrestes en la Facultad de Letras. ¿Y mientras? Los Beatles sacudían al mundo con su tímpano peludo y sus jocosas caras de cachondeo hermoso: Paco Ibáñez cantaba como nunca a Lorca y a Quevedo, y Raimon, en lengua catalana, se ponía pesado gritando contra «el vent» por una nueva vida cotidiana. ¿Y por aquí? Pues ya lo ve, señora, casi nada: La Tertulia Teatral se reunía ajena al Contubernio de Munich con señores ancianos y la A.A.A. —ese largo bostezo tan zaragozano— se estremecía un poco gracias a Bernardos que llevaba poetas lujuriosos a recitar versos, mientras los ancianitos de los jueves después de la ensaimada hacían su guiñote sin entender casi nada.

Y en Teruel, en un páramo casi cotidiano, coincidíamos de golpe José Sanchís, y Eloy, y Federico Jiménez Losantos, y Joaquín Carbonell, y Cesáreo Hernández, y yo. Nos encontramos todos, de sopetón y medio, de residentes casi en un Colegio menor que llamaban San Pablo, y el Eloy, que andaba por entonces persiguiendo ya a Costa, se ponía loquico repitiendo Aragón hasta en la sopa cuando el resto se sentía ajeno a este grito local.

Y justo el año aquel en que mayo se puso fiera, por Saint Germain des Prés, se grababa el primer disco de canciones con temas de eso que más adelante llamarían Canción Aragonesa.

Pero este disco era el producto visible de un esfuerzo colectivo de gentes que, anónimamente, iban haciendo textos y músicas y que, con aire clandestino, cantaban en los días de fiesta colegial. Allí, en aquellas cuatro canciones, estaban las largas horas de audición y de charla en casa de Sanchís; los arrebatos «baturros» de Eloy; las primeras canciones de Joaquín y los hermosos dúos con Cesáreo y textos de Federico. Allí, en *Los leñeros* aparecía la acritud de muchas horas de tertulia. Y en *Las arcillas* se plasmaban los paseos felices por la orilla del Guadalaviar, queriendo comprender a nuestro entorno. Y en el «Réquiem por un pequeñoburgués» se quería hacer un homenaje a ese viejo monstruo que es Brassens y al que años después Joaquín le seguiría cantando. Y en *Los masoveros* se buscaba ya la raíz más oculta de nuestro folclore, intentando, aún a ciegas, denunciar lo que estábamos viendo y que la prensa, la radio y la televisión parecía que andaban ignorando.

Partíamos de cero y lo inventamos casi todo. Pero nunca estando ajenos a lo que veíamos, a lo que oíamos. Y quizás ésta fue la razón por la que una canción que nacía en contra de la moda, de los *bussinesmanes*, y en medio de una tierra incapaz de defender lo suyo, alcanzó unas cotas de calidad y de prestigio que, si en vez de haber surgido en un desierto y el erial denunciado hubiese sido falso, esas voces y esos trabajos hubiesen llegado mucho más allá de donde han llegado. Pero cumplieron una función y con eso ya fue suficiente su camino.

LAS VOCES

Ya he citado dos de las primeras voces que en esta tierra surgieron a fines de los sesenta: Joaquín Carbonell y Cesáreo Hernández, quienes al trasladarse a Zaragoza para continuar sus estudios, seguirían colaborando por algún tiempo hasta que César abandonase el campo de la canción —y fue una pena, porque era un tipo de enorme sensibilidad— y sólo Joaquín quedase por aquellos días aquí. Con él, y desde la música, iban a ir colaborando gentes como Javier Más y otros que, en grupos «daylinianos», serían un poco las gentes del cotarro musical girando por los aledaños de *Alrededor del Reloj*, el programa de Plácido en Radio Popular, y por los espacios que José Juan Chicón tenía en Radio Zaragoza.

Pronto, nuevas gentes se irían sumando desde lugares insólitos, como Tomás Bosque, que, desde la zona de La Codoñera, traía su voz agrícola y rural a un festival de Sanders —¡qué buen alimento!— en el Teatro Principal, en donde nos conocimos. Su voz, su manera de interpretar, sus textos y su idioma serían un espléndido hallazgo para una tierra falta de raíces y razones. Desgraciadamente el empeño de Tomás era demasiado heroico y pocas personas son capaces de aguantar más allá de su propia resistencia física. Un día, harto, cansado y desilusionado, Tomás abandonó el campo de la canción. Toda su obra está ahí, para quien quiera oírla serenamente y comprobar que un camino importante se cerraba por ceguera de muchas personas a la vez.

DOS MUJERES

Tan sólo dos han sido las voces femeninas que, individualmente, se unieron a nosotros en aquellos años: Pilar Garzón y Ana Martín. Las dos eran voces emocionantes y estremecedoras, pero ninguna de las dos quiso comprometerse a fondo con esta profesión y prefirieron abandonar pronto, o evadirse por plazas madrileñas, antes que apechugar con el terrible esfuerzo de ir, pueblo por pueblo, colaborando a crear una conciencia y un País. Y fue una pena, porque cuando Pilar cantaba aquella hermosa canción con letra de Ánchel Conte, o Ana sacudía el aire de Villanúa con sus cantos populares, pensabas que allí estábamos empezando a crecer. Pilar, un día, se nos fue lejos de todos, y Ana, con su complejo de que sus letras no tenían compromiso social —cuando estaban llenas de compromiso cultural—, también nos abandonó.

Todavía guardo una grabación de Ana Martín en Binéfar, del año setenta y cuatro, y muchas veces la pongo para comprender que, junto a voces tan hermosas como las de Julia León o María del Mar Bonet, la de ella podía haber sido una más de las que movieran el aire pesadísimo de un tiempo de silencio.

LOS GRUPOS

Tres grupos aparecieron por los primeros años de los setenta: Renaixer, La Bullonera y La Sotonera. De ellos, la dura realidad cotidiana arrastraría a todos menos a esa pareja de ciudadanos con «albarcas» que son Javier Maestre y Eduardo Paz. En su grupo se reunieron cosas tan difíciles de unir como la calidad musical, la seriedad de los textos, la buena musicación de los instrumentos y la emocionante voz de Eduardo, que cada vez que lanza una nota al aire arrastra tras de sí tantos años de historia y de cultura que todo este país anda en sus voces.

DOS FECHAS

Hay dos fechas importantes para historiar la historia de estas gentes: el catorce de noviembre del setenta y tres y el diecisiete de mayo del setenta y cinco.

En la primera, y con un Teatro Principal a bote, se iniciaba la andadura colectiva de muchas esperanzas que histerizaron a viejos fascistas locales y que ya por entonces volvían a anunciar grandes debacles si no se nos paraba muy deprisa.

Aquella noche, ¡tan ingenua! —y con algunas frases de algún presentador muy al desgaire—, las voces hasta entonces inciertas y acalladas irrumpían con fuerza contra el aire.

Y dos años después, en aquella jornada de Huesca, cuando la gente —eran más de cinco mil los que allí estaban— poniéndose en pie se tomaba de las manos y todos nosotros subidos en la escena cantábamos con lágrimas tremendas en los labios: *Habrá un día en que todos, al levantar la vista...*

Éramos ya realidad lo que hacía unos años era aún balbuceo aparente. El camino estaba abierto y por allí íbamos a caminar hasta el cansancio.

Y UN DÍA, DICEN, LLEGÓ LA DEMOCRACIA...

Y ese día los más jóvenes, como Mairal, o Medina, o Inglés, tuvieron que callarse porque aquello ya se había pasado de moda, como si la lucha por la dignidad del hombre a través de la palabra fuese una moda pasajera. Y estas gentes que traían nuevos planteamientos y conceptos apenas si llegaron a poder expresarse. Y los viejos —el abuelo y los otros— siguieron manteniéndose a flote porque habían saltado por encima de las estrechas mentes de aquí, los «compañeros», y se lanzaron a hablar de su tierra a tierras que entienden del cansancio de miles de emigrantes, del gran colonialismo y del silencio. Y a pesar de tanto enterrador como hay por estos aledaños, va en el ochenta y La Bullonera canta mucho más que nunca, y yo lleno un teatro catalán durante siete días, y Joaquín abarrota el Alcalá Palace en un tiempo difícil, en que la gente no sale por la noche. Y seguimos, a pesar de que tuvimos que ver cómo el Chicotén se quedaba al borde del camino, porque estaban cansados de esperar a que alguien les hiciese algún caso. Y seguimos, como homenaje a los que estuvieron con nosotros. Y seguimos, como compromiso con los que siempre creyeron en nosotros. Y seguimos, porque las más hermosas palabras que sobre esta tierra nuestra se han dicho, las dijimos nosotros, y aunque sólo fuese por eso, tendríamos el derecho y el deber de estar despiertos.

EL «SOCIAL»

Después de muchos años nos hemos vuelto a encontrar en un paso de peatones. Mientras esperábamos que el verde nos diera paso a los viandantes, nos hemos mirado, reconocido y, como siempre, no nos hemos saludado.

La primera vez que lo reconocí —posiblemente ya habría estado en otras anteriores actuaciones— fue en un recital mío en la calle Granada del barrio de Torrero. Su aspecto nada tenía que ver con el de un agente policial. Mas bien parecía un «currela» del barrio y desde el primer momento en que lo vi sentado en una semipenumbra del local, en un lugar donde vigilaba sin ser vigilado, su atento gesto a las letras que llevaba en las manos, me emocionó. Pensé que mi máximo «fan» estaba allí siguiendo los textos con un riguroso y exquisito regusto intelectual. A cada explicación mía sobre la nueva canción que iba a interpretar él se desvivía buscándola entre el fajo de papeles que llevaba en sus manos. Y yo, respetuosamente, esperaba a que detuviese su búsqueda para empezar a cantar lo que había indicado.

Y así nos fuimos encontrando en San José, en las Fuentes, en las Delicias, en el Pignatelli y hasta en los bajos del

Mercado cuando ya la dictadura, agrietada por la agonía de su Jefe, nos permitía cantar en homenaje al Chile destruido y en recuerdo de Salvador Allende.

Nuestra cotidianidad llegó hasta tal punto que al final de algunos conciertos salía corriendo para intentar saludarlo. Nunca lo conseguí.

Un día las cosas se revolvieron más de lo normal y ese día —¡oh desilusión!— descubrí que no era mi «fan», sino el «ángel de la guardia» del poder establecido. Realmente me desfondé al pensar que mi único seguidor no era tal.

Esta mañana, cuando nos hemos vuelto a encontrar, he estado a punto de preguntarle si realmente se lo pasaba bien. Supongo que no; yo tampoco.

FOTOS *AMARILLAS*

He puesto sobre mi mesa
todas las banderas rotas
las que nos rompió la vida
la lluvia y la ventolera
de nuestra dura derrota.

(de *Banderas Rotas*)

Yo sólo me he desencantado de lo político y tampoco del todo. Lo que pasa es que no soy un animal político, sino un radical visceral. Si tengo que decirle a un señor que se vaya a la mierda, pues se lo digo. Los vaivenes de estos años me han desencantado de la política. Pero no de la vida

Una brújula

Norte,
sur,
este,
oeste,
Norte,
sur,
este,
oeste.
Nunca
hacia ningún
lado.

FOTOS AMARILLAS

En estas tardes un tanto inapetentes, próximas a la Navidad, cuando ya te entra esa dejadez tierna de los fríos días de invierno, tomo entre mis manos el viejo álbum de fotos y, pausadamente, sin ninguna prisa, lo repaso.

Cada vez que lo hago me doy cuenta que las instantáneas que quedaron allí plasmadas se alejan más de mi memoria y su amarillento color se va pronunciando. Hay algunas que te sobrecogen y otras, no sabes por qué, te hacen sonreír. Pocas te producen una total felicidad. Sobre ellas el tiempo, escapado para siempre, tienen algo de melancolía difícilmente superable.

Hay fotos de Primera Comunión, de excursiones pirenaicas, de fiestas familiares y hasta alguna, pocas, de clandestinos progres de aquellos años en que todos nos creíamos que el mundo iba camino de su total liberación. Graciosamente éstas son las más envejecidas, las más caducas, quizás porque en las condiciones que se tomaron no hubo fijeza para hacerlas en buenas condiciones.

Y me miro y me veo, a través del tiempo, como ante un espejo que fuese refrescando tu memoria y, en algún momento, te estremeces cuando apareces junto a Tierno Galván o al lado de Pablo Serrano, ya idos, o jolgorios, en tardes irrepetibles, junto a compañeros de bachillerato prematuramente escapados de este cotarro al que llamamos vida. Ante todo esto te preguntas: ¿qué sucederá con estas fotos dentro de unos cuantos años? Y no quieres la respuesta. Prefieres ignorarla.

Cierro el álbum, con últimas imágenes a todo color, y prefiero pensar que la vida, la de todos los días, está en estas últimas imágenes, y que las otras, las amarillentas, son sólo la memoria de un recuerdo soñado, pero nunca real.

SOLEDAD

Se sintió arrastrado por la inmensa multitud en aquella luminosa tarde de domingo. Los gritos enfervorecidos, las marchas, los himnos y las banderas, le hicieron sentirse, de golpe, intérprete de la historia colectiva que él estaba seguro comenzaba en aquella fecha.

Junto a él, por las avenidas, marchaban hombres y mujeres de todas las edades. Los gestos sonrientes, las palabras felices y uno de ellos, acercándose, le entregó un gran mástil en cuya punta ondeaba una bandera: todas las imágenes del mundo le rondaron precipitadamente por la cabeza: el acorazado Potemkin, las marchas pacifistas en pro de los Derechos Humanos, el asalto a la Bastilla, tantas veces imaginada y otras tantas instantáneas de Soweto o de Roma, de Londres o Pekin, de Madrid y hasta de su propia ciudad. Sin darse cuenta se sintió feliz.

Al rato de caminar, la multitud llegó ante los grandes muros y sacando sus entradas, abonos y tarjetas de socio, se fueron introduciendo en el interior del recinto.

Al poco, él se quedó solo, con su bandera al aire, en la inmensa explanada a la que llegaban los gritos enfervorecidos de los socios del equipo local. Dejando la bandera, cuidadosamente, en un rincón, regresó hacia su casa: Las avenidas solitarias, los bancos desiertos, las calles en silencio.

En su casa descolgó una gran fotografía con el Asalto al Palacio de Invierno y mientras veía cómo el atardecer caía sobre los árboles de su calle, recordó a Maiakovski: «Olvidaré el año, el día o la fecha / encerrado con el papel de escribir. / ¡Cread magia inhumana / palabras iluminadas por el dolor!». Fue lo único que supo repetir hasta la noche.

MELANCOLÍA

Hay días en que la melancolía lo cubre todo. Y es difícil, bajo un cielo tan luminoso como el de Zaragoza, que esta sensación fluya tranquila, suave, sin contratiempos. Sería más natural en un paisaje brumoso del norte de España donde la misma geografía la lleva consigo. Por ello cuando aquí te atenaza en la garganta y los malos presagios te rondan la cabeza, te preguntas por qué y la respuesta no existe. La melancolía surge, de vez en vez, porque la vida, quizás, discurre suave y alguna vez, de pronto, te detienes a contemplar todo lo que se ha ido de ti, y de tus amigos, por esa cuesta abajo imperceptible.

No hay razones. Algunos amigos, cuando me ven en este trance, intentan razonármelo y me aseguran que todo es debido a mi signo zodiacal:

—Los piscis —me dicen— sois muy ciclotímicos y pasáis de la euforia a la melancolía sin muchos cambios.

Es posible, pienso, aunque quizás la duda la anteponga a las pocas ganas de discutir que la propia sensación de melancolía te ofrece.

Otros, los más vitales, te convencen para que salgas a la calle, vivas, disfrutes de lo que la sociedad te ofrece. Y sales, hablas, y hasta intentas enterarte del pulso que la sociedad que te rodea, lleva. Al poco te regresas a casa. Te sientas frente a la ventana por la que se ven las escenas familiares de los vecinos, pones en tu tocadiscos a Tom Waits y bajo la desgarrada amargura de un blues desconcertante, te sientes feliz. Entonces me pregunto si acaso la melancolía no será un grado de goce intelectual, sólo ofrecido a aquellos que somos conscientes de que la vida se nos va de las manos, sin otra justificación que ser la vida.

ZARAJOTA BLUES II

Regreso a altas horas de la madrugada hacia la urbe. Desde la Muela la ciudad brilla en el fondo del valle, las últimas luminarias instaladas por el Ayuntamiento deslumbran a las aves nocturnas y la autovía de Madrid se llena de pájaros cegados por el brillo hortera de las inauguraciones cotidianas. Miro a la dulce madrastra y pienso en mi niñez cuando, como héroes de la ruta, subíamos hasta por aquí con nuestras viejas bicicletas y, una vez aupados a las últimas lomas del puerto, nos sentábamos al borde de los pinos ralos y nos fumábamos un cigarro clandestino mientras pensábamos en Dylan Thomas y nos creíamos Keats antes de su muerte romántica.

Ahora todo es más real y, por lo tanto, más aburrido: los nombres de los prohombres de la urbe se inscriben en lápidas competitivas. Antaño sólo estaba el nombre del Caudillo. Hoy son varios los que se erigen en protectores del pueblo llano. ¡Da gusto!

Cuando entro en las calles, cuando atravieso el silencio clamoroso del Paseo Pamplona, miro hacia la DGA y su silencio resulta tan significativo que a uno, a esas horas, le dan ganas de escribir algún grafitti por las paredes recordando a los «salvadores»; dónde coño echaron su discursillo de tres al cuarto. En los afiches rostros descompuestos de políticos y muchachas anunciando el verano con la teta puesta.

La urbe, a esas horas, parece una tímida novia dispuesta a entrar en el tálamo como virgen medieval. Uno, que la conoce, sabe que eso es tan sólo un espejismo; los vecinos estarán dispuestos a arrancarle al viejo vendedor de sorpresas en cualquier momento: pero está tan hermosa que hasta crees que la ciudad es Europa y, sacando tu viejo violín de miga de pan, interpretas un vals vienés.

EL FUTURO

Aprovechando el buen tiempo, me asomo, al atardecer, a mi ventana para ver el futuro, cosa que casi nunca he conseguido hacer. Recuerdo cuando niño que me subía a la torre de la Iglesia que había enfrente de mi casa y desde lo alto me ponía a hurgar lo venidero. Nunca lo conseguí: por un lado veía la sierra de Alcubierre, por el otro los montes de Torrero, hacia el este las ventanas traseras de los prostíbulos de detrás del Sepu. Un día, al bajar de mi oteo, la sacristana, vestida de luto, me dijo que su marido había muerto, que ella se iba y que yo debería afeitarme la barba: el futuro me había enganchado, por primera vez, por la entrepierna y servidor sin enterarse.

Ahora que ya nadie sabe casi nada sobre el futuro, es cuando más empeño pongo en adivinarlo, mirarlo, descubrirlo. Pero sigo en la misma inopia que cuando niño: siempre creí que el PSOE ya no existía. Y existe. Pensé que Franco se había muerto y lo sacan por Salamanca con su egregia podredumbre a pasearlo como si de Antoñete se tratara. Y en mi ilusoria ignorancia sobre lo que se nos viene encima todavía tengo la esperanza de que cualquier día, estando en el alféizar de mi ventana, el futuro me avise de que viene por la Almozara con toda su corte celestial dispuesto a liberarnos de políticos mediocres, burócratas de celo partido y escritores vilipendientes.

Pero todo son ilusiones utópicas. La realidad, como el futuro es bien otra, y los que siempre han sido capaces de arruinarnos las ilusiones acabarán destrozándonos los últimos sueños impertinentes.

El calor, como el poder, produce monstruos y esto que acabo de escribir es uno de ellos.

ANÁLISIS FINAL

Que un uno por cien de la población aragonesa pasee la gran bandera por las calles de Madrid, no es cosa como para echarla al cubo del olvido y dejarla pasar como si nada, o casi nada hubiese sucedido. Lo que pasó conmovió a todos y cada uno de los medios de comunicación. Pocas veces recuerdo que toda la prensa nacional haya dedicado todas sus primeras páginas a Aragón. Se habló de Aragón con asombro y con una pizca de admiración. De asombro porque nadie se creía, en esta tierra —escribo estas líneas desde Madrid—, que el sentimiento autonómico de nuestro país estuviese tan arraigado. Ninguna otra tierra de España tendría esa capacidad hoy por hoy. Y ése es un dato demasiado importante para ocultarlo tras unos gritos minúsculos dedicados a Boyer —nuestra tierra siempre ha tenido humor y a las dos de la tarde todos teníamos hambre— y que alguien anduviese con unos ataúdes al hombro, que yo sólo vi en fotografías. Lo que hubo fue una buena multitud reclamando lo que se nos viene negando desde 1977, y desde mucho antes si hacemos historia. Los que no estuvieron se perdieron una página memorable de toda nuestra gente, de la que estaba debajo de la bandera, soportando un aguacero brutal que desde primeras horas no paró de caer sobre Madrid. No les preocupaba salir o no salir en la foto. Lo que sí les preocupaba era estar allí, con la dignidad de un pueblo que, de vez en cuando, se pone de pie y pide lo que es suyo.

La foto que aparecía en uno de los periódicos, con la gran bandera levantada y una muchacha subida a una farola, moviendo al viento una cuatribarrada con las siglas de CHA, es todo el resumen de lo que allí pasó, de lo que vivimos, de lo que fuimos capaces de hacer. Y la Policía no tuvo ni que moverse, porque no íbamos contra nadie. Íbamos a por lo nuestro. Y nada más.

Que ahora caigan los anatemas sobre algunos paisanos y que por otro lado algunas personas reclamen que no haya crispación en nuestra sociedad me parecen dos errores impresionantes.

Contra nadie fuimos y nadie debe ser el pagano. Pero si hay crispación, que no se la achaquen a quienes, desde todos los puntos de Aragón, llegaron hasta las Cortes. ¡Que se analicen ellos! ¡Que se relajen! ¡Que aprendan a saber lo que este pueblo, viejo, cansado y un tanto escéptico, es capaz de llevar a cabo, cuando alguien le da una alternativa, una salida, una esperanza!

Y eso también lo deben pensar quienes creyeron que habían ganado la pequeña batalla. Ahora es a ellos a quienes les toca aprender la lección. Hay que dejarse de timorateces y de medias tintas. Cuando un pueblo se pone detrás hay que saber encabezarlo y saber, desde la fuerza que esa gente le da, negociar con cartas fuertes lo que esas mismas gentes exigen. La duda sólo le cae bien a Hamlet, y de dudosos dudantes estamos un poco hartos.

Me he encontrado, estos días, a muchos aragoneses por Madrid y en todos he visto un sentimiento de orgullo, de alegría, de solidaridad. Todo eso es un cheque de compromiso. Quien lo deteste, quien lo olvida, deberá ser consciente de lo que hace, de lo que está haciendo con todos nosotros.

¡VIVA EL VIRREY!

No sé cuántos seremos los «caldurrios» que a estas horas vayamos por la madrileña Carrera de San Jerónimo, camino de la Plaza de las Cortes, con la bandera de Aragón a rastras, para gritarle, a un Parlamento cerrado, cuáles son nuestras reivindicaciones. Seamos muchos o pocos, en el fondo seremos pocos porque hubieran hecho falta muchos más —siempre faltan casi todos— para que nuestra voz se escuchase en contra de todas esas que hoy guardan silencio. Y es que a mucha de nuestra gente lo que le gustaría sería tener un virrey mandado desde Madrid o Detroit —cuando el «virrey» de la Motors los invita hasta les tiemblan las piernas de la emoción— que fuese a caballo, que se destocase cada vez que alguna de nuestras «egregias» figuras políticas se cruzase con él y que recibiese a los portavoces igual que los de Indias recibían a los jefes de tribu que llegaban llenos de abalorios y cigarros habanos; de la Habana de Fidel y no de otro lugar. Si tuviésemos virrey, se acabarían las disputas partidistas y no habría que ir a Madrid con el coñazo que nuestras invasiones pueblerinas les producen a los chicos del Foro. Todo se podría resolver aquí y seguro que hablar con él sería más fácil que hacerlo con el consejero de Presidencia, señor Biel, al que uno lleva ya tres veces solicitándole una audiencia y el famoso «silencio administrativo» es su respuesta. El virrey, que no tendría otra cosa que hacer, se dedicaría, en los días de fiesta, a recibir a los «caldurrios», pues el resto lo dedicaría a poner firmes a los díscolos y discutidores políticos.

El virrey tendría que ser forastero porque si fuese de aquí, caso de Carlos Pérez Anadón, los paisanos no lo verían bien. Lo mejor sería que fuese inglés aprovechando la igualdad de títulos que ahora concede la Comunidad Europea. Ellos, los ingleses, siempre han hecho este papel muy bien. Tienen empaque, alcurnia y distinción y, además, hablan inglés, cosa importante para entenderse con catalanes y suecos en las mesas de negociaciones. Por otra parte, el virrey necesitaría una sede, un palacio y ahí podríamos tener otra vez un nuevo motivo de discusión y chafardeo. Se plantearían proyectos, recuperaciones de casas antiguas, de viejos palacios, de asombrosas mansiones hollywoodescas. Todo sería en technicolor y no, como ahora, en ese blanco y negro, tan hamletiano, en el que los dudosos políticos nos han envuelto el viejo pastel que nos habían prometido.

Dentro de unas horas habremos acabado la «manifa» de Madrid y los «caldurrios» engancharemos el tren o el autobús, que nos habremos pagado de nuestros bolsillos y, al llegar justo a Ariza, notaremos un enorme vacío por la falta de eco que nuestro esfuerzo va a sentir en todos los medios nacionales. Porque, ¿a quién le interesa, más allá de Ariza, Aragón? Sólo si tuviésemos virrey, inglés, de grandes bigotes y con caballo, nos harían caso en Madrid. Pero sin virrey no somos nada, o somos tan sólo la medida que damos los ciudadanos medios y que somos más medios que ciudadanos. Por eso hoy mi grito es fuerte y rotundo: ¡Viva el virrey! Y que los burócratas de sillón se queden de funcionarios, que es lo que eran, lo que son y lo que les gustaría seguir siendo. Como también a mí.

Y LOS SUEÑOS, ¿SUEÑOS SON?

Apenas si éramos veinte los militantes del PSA (Partido Socialista —de verdad— de Aragón) y ya Emilio Gastón, secretario de aquello, me decía antes de que partiese para Cataluña:

—Cuando veas a Raventós —secretario del PSC—, dile que ya somos tantos que no nos conocemos.

Y una noche éramos tantos que cuando los escasos miembros del PSOE de entonces —estoy hablando de mediados de los setenta con Franco en la agonía— intentaron, en una cena borrascosa, invitarnos a pasarnos de siglas, nosotros, eufóricos de ideología — ¡pobrecicos!—, de proyectos y de esperanzas, invitamos a los disminuidos socialistas de la segunda internacional a que abandonasen su barco y se pasasen al nuestro, que era el barco del futuro. Éramos tan ingenuos, en aquellos años de ingenuidad democrática, que creíamos que la política era ideología y nada más. En las primeras elecciones, cuando el PSOE, inexistente por estos lares, se llevó de calle la lista de diputados de izquierda, nosotros sacamos uno y el PCE ninguno, entendí que la ideología sólo servía, como mucho, para escribir canciones, ponerse triste por la marcha de los tiempos y comprobar cómo el futuro venía por derroteros nuevos. Y con ese clima de agnosticismo nos embutimos en la asfixiante noche del 23-F en la que muchos de los nostálgicos de la gran «cremá» limpiaron sus armas para poner «orden» en la desordenada situación patria. Por eso, el 28 de octubre del ochenta y dos dejamos de lado los purismos ideológicos y empujamos, cada uno con sus fuerzas, a que este País fuese normal. Y pensamos que con la llegada de Felipe al Gobierno las cosas iban a caminar por derroteros distintos a los que habían ido hasta el momento.

Para entonces la maldita «praxis» esa ya había destrozado el PSA. Los que creían en la práctica política o querían poner sus conocimientos al servicio de lo que venía habían abandonado las viejas siglas y, tras un congreso borrascoso —servidor para entonces había vuelto a la libertad depresiva de la mosca tras de la oreja— se fueron con la Segunda Internacional esperanzados de que lo que no había podido ser con el humilde partido regional, podría ser con un gran aparato nacional. Y el éxito de González embarcó en la misma nave a los que se lo creían, a los arribistas, a los que abandonaban el bote hundido de la UCD y a los que, ansiosos de práctica política y terminado el Movimiento Nacional, se afiliaron a algo en que también pudiesen cantar *Montañas Nevadas*. Es decir, el mare mágnum que se montó bajo unas siglas a las que nadie había pertenecido nunca, fue de órdago. ¡Y de ahí, vino lo que vino!

Mientras tanto, como decía hace muy poco Ignacio Sotelo en un jugoso artículo, el PSOE se encontró dueño absoluto del terreno del juego: nadie había enfrente, ni a la izquierda, ni a la derecha. El PCE se convulsionaba en luchas intestinas y los conservadores —que en algunas zonas del País eran la opción gobernante— en el Estado tenían tal tufo de franquismo que no se fiaba, y se siguen sin fiar, la mayoría del personal.

Decía Ignacio Sotelo que el PSOE llegó demasiado pronto al poder. Y era verdad porque carecía de cuadros y tuvo que dejar entrar en sus filas todo aquello que, de una u otra manera, le fuese útil. Añadía que gobernó sin oposición y cayó en todas sus prepotencias. Y de una y otra manera lo que fue una gran esperanza se fue transformando en aquello que podría llamarse el «realismo socialista», consistente en aplicar los sistemas que fuesen necesarios para seguir en el Gobierno aun a costa de las principales líneas básicas de todo partido social demócrata: de la solidaridad y de la igualdad se pasó al boato y el consumo. Todo lo que era servicio público, enseñanza, sanidad, cultura, etc. fue degradándose en una vertiginosa degradación y la competitividad fiera del liberalismo económico fue la reina de las flores.

¿Y por aquí? La soledad partidaria era exacta. Sólo el PSOE quedaba como opción y las luchas por la obtención de ese poder acabaron convirtiéndose en un espectáculo lamentable: los PSA se dedicaron, ingenuamente, a organizar desde la DGA el territorio.

Todo está para hacer y metieron horas por un tubo para estructurar la Autonomía. Su trabajo —siempre temeroso de lo que pensase Madrid— era denunciado por otras corrientes como una acción «nacionalista». Marraco —espero que un día lo escriba—, excepto sus tres o cuatro consejeros íntimos, estaba rodeado de «fuguistas». Y en las siguientes elecciones acabó de Director General de ICONA, mientras el PSOE perdía la DGA y sus «contrarios» se hacían dueños del albero. Pero a los aprendices de brujo les salió respondona su criada y lo que habían construido con la ilusión de hacerse los jefes acabó dejándolos en la cuneta y hoy ya no son casi nadie más que un Ayuntamiento cargado de deudas y solitarios y desconectados del aparato de Ferraz a la espera de que la jubilación todavía los coja con suficientes fondos para aguantar los duros tiempos que se avecinan.

Y en estos tiempos que se avecinan quienes van a cortar el bacalao —si no hay nuevos maremotos subversivos— nunca, hasta ahora, aplicaron sus tesis a la ideología. Ellos están por otras cuestiones más próximas a una tecnocracia respetuosa con el «aparato» que a un planteamiento socialdemócrata de la sociedad. Un nuevo «caciquismo» basado en el ordenador y la obediencia sumisa está ya aflorando. Los discursos políticos de Piazuelo suenan tan viejos como mis canciones. Los damascos son sombras que se defienden como pueden de los nuevos dirigentes y de los «marraquistas» sólo queda un recuerdo de algo que pudo ser y que no fue. Desgraciadamente diez años después de aquella explosión de esperanza uno vuelve a preguntarse, partiendo de Calderón, «y los sueños, ¿sueños son?». Los viejos depresivos siempre tenemos la esperanza de que la historia ponga de nuevo a los personajes en su sitio y podamos no dudar de que los sueños se cumplan, de que de verdad el sueño de una sociedad basada en la solidaridad, en la igualdad, en la defensa de la libertad, regrese. Porque si no fuésemos capaces de pensar que han sido los hombres y no la historia, los que se han equivocado durante estos años, malamente podríamos soportar un futuro incierto y violento que se nos viene anunciando por detrás de todas las esquinas donde el poder ha dejado tan sólo una brizna de olor a dinero y ni una sola migaja de ilusión.

Andalán

De la mano impetuosa de Eloy Fernández Clemente, del compromiso de Carlos Royo Villanova y de la privilegiada posición política de Guillermo Fatás, salió aquel periódico que iba a aglutinar a su alrededor a lo más granado de la política democrática, a jóvenes periodistas y artistas de todas las tendencias en un movimiento que nunca se había dado en estas tierras.

L'Ainsa fue el lugar, cómo no, donde se presentó aquel primer número que iba a desempolvar un Aragón oculto tras tanta represión franquista.

Pero *Andalán*, como todo colectivo que dura más de un año, estuvo formado, a lo largo de su vida, por gentes que, «grosso modo», se podrían calificar en varios apartados:

Los depresivos, que echaron cientos de horas sin esperar recibir nada de nada, ni de nadie. Ese grupo sigue siendo eso, depresivos baturros con la mosca detrás de la oreja.

Los posibilistas, que creyeron en las posibilidades y de todos los lugares los empujaron a «hostias», porque su mundo tampoco era de este mundo.

Los oportunistas, que usaron *Andalán*, como un kleenex,

dejándolo tirado tras de usarlo, para seguir medrando por los distintos oportunismos que la vida les iba a ir presentando.

Curiosamente, de todo el colectivo de *Andalán*, ninguno sigue en la aragonesa política activa. Los oportunistas han medrado para otros sillones más seguros. Los posibilistas han pasado, tras duras experiencias, al campo de los depresivos y éstos —que nunca sirvieron para nada— se reúnen una vez al mes, a cenar, y escuchar los chismes de la gran cancerbera andalanista que resultó ser la propia democracia, tan defendida y anhelada.

ENERO

Cuando sobre los altillos de las casas crece el enero, en los rostros surge una pequeña arruga de la crisis del tiempo. Te asomas al espejo —¡qué terribles ventanas de la vida!— e intentas, por todos los medios, desdibujar el mohín de disgusto que, sobre los ojos, te ha dejado esa pequeña cana que te brota al fondo, como un paisaje incierto, y hasta buscas aquellos gestos infantiles que, ya perdidos, eres incapaz de reencontrar en las gélidas mañanas de los primeros días de cada año que te vence.

Por puro masoquismo te quedas reflejado durante un buen rato ante tu imagen, cada día más desolada por el tiempo, intentando engañarte, creerte que lo que se refleja es un sueño de tiempos venideros, pero la voz concreta del vecino gritando a sus hijos por las notas de los últimos exámenes pasados te hace comprender que esa nave rota, que ese desaguisado que el tiempo ha elaborado sobre su rostro, es actual. Y piensas en los viejos amigos recordados en fotos infantiles, en desfiles debajo de la OJE, o en una peregrinación hasta Lourdes y, al volver a sentirlos al lado de tu imagen, comprendes que los sueños del tiempo se quedaron perdidos justo en la última Nochevieja cuando, borrachos por la propia impericia de la vida, los derrochábais juntos por los intrincados desiertos de la augusta ciudad zaragozana.

Apagas la luz, se hace el silencio y enero, tan altivo como una dama altiva, continúa su largo itinerario. Cada año las hojas de viejos calendarios que se arrumban en rincones desiertos de tu casa, te acorralan despacio, sin sentirlos, hasta que una mañana, otra vez, quizás te reencuentres contigo mismo en el itinerario duro de los días que pasan sin notarlos bajo la soledad agreste de tus dedos, de tus manos, de tus labios siempre anhelantes de amor ilusionado.

FRENTE DEL EBRO

En cuanto llegas por estas latitudes te das cuenta que, como en el oeste, todo el mundo tira a dar. Tiran los políticos, los periodistas, las amas de casa, los jubilados, un señor de Cuenca, que también le ha cogido gusto a eso de tirar a dar, y una loca mística del barrio de Monzalbarba que, harta ya de los desmanes a que está conduciendo el desvarío disoluto de su señor marido, toma la pistola y corre para acabar con los siniestros locales que desenfundan en cuanto huelen a algo que no sea a cierzo o a la Papelera de Montañana.

Todo el mundo —es un gesto que puede pasar inadvertido a los que están aquí todos los días— va con la mano en la sobaquera. Es casi tan ritual como el cachirulo o la fruta de Aragón, pero es inútil. Y, vayas donde vayas, te ves asediado por la pequeña mezquindad de quien tiene en su poder un poco de poder para santificar sobre los buenos y los malos, sobre los que valen y los que no, sobre los sabios y los tontos.

Y los otros, los que envidian el poder de los que tienen el poder, aspiran, por todos los medios, a hacerse con el poder. Es un rito que al cabo de unos días te cansa, te fatiga, te aburre. Nadie hace nada por hacer algo. Todo el mundo anda disparando contra tirios y troyanos en nombre de la pureza de su propia impureza. Los prepotentes prepotencian en nombre de su propia mediocridad. Es como un desván de muñecos y muñecas entre naftalina, polilla y desbarajuste. Pocas cosas te ofrecen una posibilidad de abrir los ojos.

Cuando otra vez tomas el intercity en la estación del Santo Sepulcro —que es como de verdad habría que llamar a la del Portillo— tú también te disparas. Es, al fin y al cabo, la razón de paisanaje la que te empuja a ello. Y hasta le coges gusto.

GRACIAS

El otro día, poco antes de comenzar —espero— mi último concierto en la Plaza del Pilar, un periodista me preguntaba si en aquel momento guardaba resentimiento hacia alguien. Por unos instantes repasé muchos días de mi vida y me di cuenta de que lo único que en aquel momento me venía a la memoria era agradecimiento.

Agradecimiento a la gente de mi casa que soportó demasiadas soledades y preocupaciones. Agradecimiento hacia todo el «personal» de *Andalán*, del PSA, de la izquierda de este país, de las gentes que, sin estar en un lado ni en otro, estuvieron conmigo, a muchas personas de los medios de comunicación que, contra viento y marea, nos apoyaron con el solo interés de apoyar algo que les parecía válido. Y habría una retahíla de agradecimientos que sería difícil de concluir porque no me gustaría olvidarme de los músicos, de los miembros de la Canción Aragonesa, de los técnicos que ayudaron a que la voz y la imagen surgieran con nitidez.

Ahora, mientras escribo estas líneas, estaba dándole vueltas al «coco», en el fondo de mis recuerdos, alguien que, en algún momento, me hubiera amargado la vida y es curioso comprobar cómo los recuerdos amables se colocan en el primer lugar y los otros quedan emborronados tras una nebulosa que diluye a las personas y los hace inexistentes.

Hoy, cuando ha transcurrido una semana de mi retirada de la canción, sólo me queda una palabra en los labios: gracias. Nada más.

BOTELLA DE MAR

Las gentes que escribimos en los periódicos tenemos siempre la misma sensación que la de los náufragos que mandan su mensaje en una botella: esperamos que alguien nos lea.

Por eso cuando algún mensaje recibe respuesta, la alegría es inmensa: ¡No estamos solos en el mundo! ¡Hay gente! ¡Nos responden! ¡Viva!

Curiosamente, a mis mensajes sólo me responden cuando desde mi agnosticismo, no militante, envío palabritas hacia las eclesiásticas autoridades del Dogma, o también cuando digo algo de algún político que, aunque no vaya contra él, se da por ofendido.

Nunca me contestan cuando hablo de la niebla, de la melancolía, de los lunes o de los martes o, cuando haciendo materia de bolero, hablo de amor. Los mensajes se pierden en ese vacío enorme que es el silencio y el director comienza a mirarme de soslayo, con cierto retintín y hasta me repite aquello de «No son buenos tiempos para la lírica».

Por ello, cuando abro el *Diario 16* y veo que mi botella ha sido recibida y devuelta, posiblemente con remitente equivocado, el jefe me sonríe, me da una palmada en el hombro y me asegura que ése es el camino. Pero siempre lo dudo, aunque me hable de una subida pecuniaria.

Ya sé que la niebla no habla, y que los martes se esconden de los miércoles con miedo, pero sería tan bonito que un día, en las Cartas al Director, apareciese una que dijese: «Soy tu amante despechada, soy tu voz». Pero nunca llegará y mi materia de bolero será, como siempre, ilusión de náufrago.

¿PARA QUÉ?

Te sientas delante de la máquina de escribir y esperas y esperas, casi en estado semicataléptico, a que esa vieja dama vestida de rosa, que es la inspiración, descienda de lo más íntimo de tu cuarto de trabajo y te dé palabras para llenar el folio. De golpe notas el suave toque de su brisa y comienzas a escribir: sobre el amor, la lluvia, la soledad o el viento. Y, palabra tras palabra, te van surgiendo las frases, las ideas. En un momento te detienes, miras por la ventana —el cielo está cargado de sospechas— y respiras hondo a la espera de que el párrafo encuentre la expresión justa para acabarlo.

Te desasosiegas: el amor te falla, la lluvia no llega, la soledad te olvida y el viento es lo único que arrastra todo el paisaje que, frente a ti, recorre tu vieja calle. Dejas la máquina, te levantas y vas hasta el tocadiscos. Eliges un disco que suene a melancolía, a dulce sabor de labios contra labios, a jolgorioso ritmo de guitarras eléctricas y, tras escucharlo unos instantes, vuelves rápido a la máquina. Como un autómata escribes sobre aquella pareja que se besaba en las plazas abandonadas de Nagasaki, poco antes de que la bomba atómica acabara con sus tiernos gestos de adolescentes incomprendidos.

Cuando terminas lo lees todo, lo corriges. Estás satisfecho. Seguro que mañana tus lectores te agradecerán esa bonita expresión que utilizas para describir el bello gesto de la madre despidiendo a su hijo, que camina hacia el colegio el primer día de escuela.

Y con la parsimonia de la costumbre dejas que el fax —ese nuevo Gargantúa de la tecnología— se lo coma y lo envíe hacia los desolados ordenadores. Por la mañana, cuando tomas el diario, ves que tu artículo no sale. Lo han levantado porque se ha declarado la guerra del Golfo y ante aquello te preguntas desolado: ¿para qué? Y te dejas abandonar en la más desolada amargura: los hombres no tenemos remedio.

EL ABUELO CUMPLE 25 AÑOS

De niño, un viejo de Belchite le recomendó que se mantuviese alejado de los escenarios. Y como de pequeño José Antonio Labordeta era bastante desobediente, no le hizo caso a ese consejero particular. Unos años después Paco Ibáñez le decía que nunca dejara la guitarra, y como a Labordeta le unía una fuerte amistad con el cantautor, la frase se le quedó grabada a 33 revoluciones en el corazón. Ahora, bajo ese tejado espeso a dos aguas, han pasado 25 años en la canción. Un cuarto de siglo lleno de títulos que han salido de los pentagramas para formar parte de la historia de Aragón y hacerse un hueco entre banderas rotas. Labordeta sigue igual, pero con más edad. Y es que El abuelo ha cumplido 25 años.

—*¿Por qué empieza a cantar?*

—Lo hacía desde niño. En los veranos de Canfranc nos íbamos a cantar a los albergues de la Sección Femenina. A finales de los 50 viajo a Francia y empiezo a escuchar las canciones de allí. Como al mismo tiempo escribía poemas, se me ocurrió realizar algo parecido aquí. La primera canción que hago es en francés y se llamaba *Le metro*. Al contactar con la realidad turolense, era el año 1964, empecé a escuchar a Raimon, conecté con José Sanchís Sinistera, circulan los discos de Paco Ibáñez, sigo escuchando a Brassens... Entonces se me ocurre empezar a cantar lo que estoy viendo allí. Y en 1968 surgen *Los leñeros, Los masoveros, Las arcillas* y *Réquiem por un pequeño burgués*, mi primer disco. Hace ahora 25 años, canté por primera vez en la Facultad de Medicina de Zaragoza. Tenía 33 años y nunca había pensado ser cantante: de niño pretendía ser obispo y hacía misas por la casa. Había pensado también ser actor, poeta... pero cantante, nunca. Lo de la canción había sido siempre marginal, pese a haber estudiado solfeo y violín cuando era bachiller...

—*Hay un hecho decisivo en su trayectoria: su convivencia en el Niké y el influjo de su hermano Miguel.*

—Hasta el 64 soy un tertuliano asiduo del Niké. La verdad es que a mí me atraía más el mundo de la poesía que el de la canción, que me parecía muy lejano. Tenía, además, una referencia muy curiosa: en una Nochevieja de Belchite, en el casino del pueblo viejo, decidí subir a cantar la canción de *Solo ante el peligro*, que es muy fácil. La canté en un inglés medio inventado, y al bajar del escenario, un viejo me dijo que no subiera nunca más a cantar, que eso era cosa de maricones. A veces, cuando he actuado en sitios que no estaba a gusto, me he acordado del viejo de Belchite.

—*¿Qué sucedió en estos cuatro primeros años en que graba su primer disco,* Cantar y callar*?*

—Curiosamente con ese disco que salió en el año 68 y fue retirado en el 69 por el estado de excepción, me percaté de que me conocía ya muchísima gente de la vanguardia clandestina. Me empezaban a llamar de los sitios y comencé a ir de un lugar a otro. En el año 70 vine a Zaragoza y grabé una cinta en Radio Zaragoza. A Julián Muro le gustan las canciones que hago yo. Empecé a participar en el programa *Alrededor del reloj* en Radio Zaragoza de Plácido Serrano, que me buscó una casa de discos.

—*El trabajo de* Alrededor del reloj *cristaliza en el primer festival de canción aragonesa, que es donde se presentaron Carbonell, La Bullonera, usted... ¿Qué significación tuvo aquel concierto?*

—Significó sobre todo que el teatro se llenó y que lo que comenzaba a ser una mancha de aceite que se extendía poco a poco, allí se hizo de una forma muy intensa. La gente comenzó a percibir que eso existía también en Aragón. Y a la hora de poder grabar discos resultaba menos difícil. Hay que decir que por aquel entonces las casas de discos no estaban muy por la labor, salvo Edigsa, que grababa también con Raimon.

—*¿Le daba la sensación de que la gente iba a los recitales a algo más que a escuchar canciones y que ustedes, de alguna manera, precipitaban la llegada de la democracia?*

—Sí, claro. De pronto alguien estaba hablando de las realidades sociales que había en el territorio. Los recitales de entonces eran actos culturales y políticos. Se mezclaban las dos cosas. Había una complicidad tremenda. Te dabas cuenta de que vivías un periodo a punto de terminar y que se iba a producir un cambio sociológico importante. Existían grandes capas sociales, marginadas, que se disponían a participar.

—*¿Después de* Cantar y callar, *ya supo la línea que deseaba seguir?*

—Como decía Delibes, yo siempre he sido un dudante. Siempre he dudado, no lo he tenido seguro seguro nunca. Paso de la euforia a la duda.

—Sin embargo, ése era un disco que lo contenía todo: la reivindicación, la exaltación de lo marginal y de lo humilde, una visión elegiaca, e incluso expresaba una cierta utopía sobre Aragón y dejaba claro que no se podía olvidar del todo la Guerra Civil. ¿Podría decirse que ya en Cantar y callar *se perfilaba el Labordeta del futuro?*

—Yo nunca sé el Labordeta que voy a ser mañana. No soy un tipo racional, sino más bien visceral. Yo grabé ese disco y tardé dos años en grabar el siguiente. Pero mi mundo, sí, está ahí. Cuando a veces veo poemas de los años anteriores me encuentro con que muchas de las canciones que yo canto están ya en los poemas. Mi mundo es un mundo entre lo telúrico de la infancia, mis padres, mis amigos, Zaragoza y sus mitos cotidianos (la vieja, San Lamberto, el barrio, el mercado), Aragón y la nostalgia de la libertad.

—El disco fue un éxito. Fuera de la región, muchos se dieron cuenta de que existía Aragón porque existía Labordeta con su voz de trueno. ¿Proponía una elegía por un mundo que se desmoronaba a la par de la creación de una nueva utopía?

—En casi todo lo que hago, a veces inconscientemente. En *Qué queda de ti, qué queda de mí* hay una referencia a lo que se pierde y también a lo que nace. En mis discos hay siempre himnos esperanzados y por otra parte canciones muy dolorosas, como puede ser *Banderas rotas.*

—Esencial a su carrera fue Andalán, *que se gesta en gran parte en Teruel.*

—*Andalán* fue fundamentalmente un aglutinador de todo el pensamiento aragonés, que en estos momentos llevaba la vanguardia ideológica y política de Aragón. La labor de *Andalán* no se ha tenido en cuenta en esta tierra que se muestra tan despreciable con sus hijos. *Andalán* aglutinó a toda la izquierda que pensaba, hablaba y escribía. Aquí no ha habido nunca un proceso cultural tan importante como *Andalán*.

—*¿Quién le bautizó como El abuelo?*

—Fue Julia López Madrazo; en la página de atrás de *Andalán* realizaba un recuento de actividades culturales que se hacían en toda la región. Yo empecé a cantar con 33 años cuando Eduardo Paz no había hecho la mili, Carbonell tendría 23 años y yo les llevaba unos cuantos años. Así que comenzó a llamarme cariñosamente El abuelo.

—*De pronto usted se convierte en una tabla de salvación para mucha gente, en un mito cotidiano a través de temas como* Aragón, Somos, Canto a la libertad... *¿Cómo se produce esta transformación?*

—Pienso que se va produciendo poco a poco, nunca de golpe. Fue hacia el año 1978 cuando esto se transformó en un fenómeno más o menos continuado. El día que cantamos en un festival de Huesca, de pronto la gente se puso de pie, se cogieron por primera vez las manos y cantaron el *Canto a la libertad*. Fue una de las pocas veces en que yo me he trabucado. Me quedé asombrado.

—*En ustedes, los cantautores, parece que ha habido un divorcio entre la música y la letra. Y en su caso parece que se define mejor como un cronista y un rapsoda que como un músico en sentido estricto.*

—Yo soy consciente de mi cortedad musical. Hacer la música de una canción me cuesta mucho. Tal vez nuestra equivocación fue meternos en el mundo del pop, con miles de vatios, y no ser conscientes de que lo que teníamos que haber hecho era seguir con la guitarra. Y como decía Paco Ibáñez, si vienen mal dadas uno se vuelve a casa, a los cuarteles de invierno, a resistir, que ya te llamarán. Esto es un poco lo que ha pasado ahora, que volvemos a los orígenes. Nosotros somos rapsodas.

—*Sí, rapsodas que hacían canción protesta...*

—Con los cantautores hay una cosa jodida que es el estigma de politización que se nos ha puesto encima. Fíjense en Paco Ibáñez, que cantaba al Arcipreste de Hita, a Góngora, a Quevedo. Nosotros, sí, hemos hecho canciones reivindicativas, pero también otras cosas. Eso no se nos ha perdonado.

—*En cualquier caso, haciendo autobiografía, ¿ve estos 25 años con cierta unidad?*

—Hay un hilo conductor: el camino que ha ido hacia la libertad, hacia la democracia, que es lo que ha sucedido en este país.

—*Antes de retirarse a los cuarteles de invierno, publicó un disco bellísimo y vallejiano:* Trilce.

—Fue un esfuerzo brutal, pero la casa de discos tampoco apostó nada por este título. Voy a confesar una cosa que no he dicho a nadie: me fui a llorar a los montes de Belchite cuando vi que ese disco se hundía. Le tenía un gran cariño y fue para mí muy doloroso. En aquel momento fue cuando decidí dejar de grabar. Con *Trilce* acabé roto, desilusionado y había querido huir de una imagen estereotipada: ahora el cantautor era más poeta y más intimista. Había sido un parto muy difícil.

—*Mirando hacia atrás con ira y sin ira, ¿qué balance hace en estos 25 años?*

—Hago un balance muy positivo. He podido vivir en el ojo del huracán. A veces te encuentras pequeñas referencias que te satisfacen. El otro día, una mujer iba con el disco nuevo debajo del brazo y me paró para decirme: «He comprado este disco pero no creo que sea tan bueno como *Trilce*». No es una vida inútil, es una vida en la que he hecho cosas. Nosotros no llegamos nunca a tener un ámbito tan grande como por ejemplo Lluís Llach en Cataluña. Nuestra caída, así, no ha sido tan fuerte. Al contrario, fue tan suave que la verdad es que yo no me he hecho mucho daño ni estoy resentido.

—Sin embargo, habla con dolor de algunos discos, con las palabras de un derrotado.

—Pienso también que a veces la culpa la he tenido yo por no haberme metido en el mundo de la modernidad de Madrid, en los círculos de poder, en las televisiones... pero yo siempre he sido muy reacio a eso. Cuando voy a Madrid ceno con mi hija, no con autoridades ni jerarcas. El otro día cantando en el Vitaminas vino el gobernador del Banco de España, me dio un abrazo y me dijo que era un *fan* mío, que tenía todos los discos. Me ha fallado el *marketing*.

—Si tuviese que buscar el artista con el que más se identifica, ¿qué nombre diría?

—Georges Brassens, sin duda. Era un gran poeta, un gran músico y me gustaba de él su actitud humana, muy coherente a lo largo de toda su vida. Me parece todo un ejemplo. Posee —y yo también lo tengo— ese sentido depresivo de que el tiempo lo acaba por destruir todo. Es una especie de desencanto continuo que yo también comparto.

Entrevista realizada por
Antón Castro y Nacho Iraburu

TIERRA SIN MAR

Es que éste es un territorio duro. Dominado por una ciudad que es más bien un poblachón monegrino desamparado, sin las cosas buenas de los pueblos de los Monegros. Vivir aquí es muy duro, nos rodea un paisaje aterrador barrido por el viento. Nos salva un poco que esa dureza produzca también locos maravillosos que hacen soportable Zaragoza. Me refiero a los poetas, pintores, gentes del cine y locos en general. Gracias a ellos resulta más soportable el tedio pueblerino.

SOMOS

BELCHITE

Todavía en el ojo infantil, en ése tan limpio y purísimo que guarda los recuerdos con la perfección de la verdad, la primera visión de Belchite, allá por los años 40, cuando con mi padre —que tanto amaba ese paisaje aviolentado por el viento— llegué en uno de aquellos autobuses desvencijados que la empresa concesionaria ponía al servicio, más de la paciencia que de la velocidad. Todavía en ese iris que uno guarda para siempre el atardecer agrietante del mes de abril, mientras el sol enrojecía por las tierras de Lécera el azul transparente e infinito del cielo, el torturante contorno de un pueblo recién escampado de la guerra, con sus techos maltrechos, sus torres empujadas a bruscas contradicciones y la memoria quejumbrosa de sus gentes acallada por el temor y el terror de los últimos sucesos. En la carretera, y despanzurrados hacia el aire, una tanqueta italiana y un par de carros de combate de origen soviético. Pero para mí, ¿qué significaba todo aquello ante el espectáculo de descubrir una tierra mítica en la boca de mi padre? Lo importante era lo que íbamos a encontrarnos tras descender del vapuleante autobús.

Allí estaba el pueblo —todavía desacostumbrado a la paz y mirándose asombrado— como siempre: sus arcos, su calle Mayor, sus barrios altos, el de San Lorenzo y la Puerta del Pozo. Por la calle Mayor —tan hermosa como toda una obra de arte mudéjar entre paredes— el paso de mi padre y mío, la gente, los viejos paisanos de papá, nos saludaban correctos o eufóricos según la vieja memoria que los unía.

Y en aquel entorno de aquellas casas, en aquel viejo Casino en el que jugábamos al billar o bailábamos en la Noche Vieja, en el café del Sevilla o en el pequeño tuguriete que mis lejanas contraparientes «las Cuadernas» tenían junto a una de las plazas, íbamos creciéndonos, riéndonos de muchos mitos y asombrándonos de que tan hermoso paisaje rural llegase un día a ser abandonado por aquellas obras que unas gentes, que decían que eran presos de la guerra, iban levantando fríamente al lado de las cálidas adobas y graneros repletos de secretos.

Y, cómo no, creyéndonoslo —¡eso son cosas de los mayores!— nos encerrábamos en las altas falsas de las casas de parientes lejanos o próximos, para olfatear, allá lejos, los tajos de oliveras o las cuadrillas que regresaban fatigadas de la siega. Todo el pueblo estaba tan lleno de vida, que, poco a poco, las huellas de la guerra se iban olvidando aunque nadie, ante la imperiosa memoria de las nuevas casas alzadas tan próximas, se acabase de creer que en aquellos edificios, de aleros tan aragoneses y zaguanes cobijantes, se fuesen a morir. Y por ello, las torres de las iglesias seguían carcomidas por los mordiscos de las baterías republicanas que en aquellas jornadas de guerra lanzaron su carga desde el «Mojón del Lobo».

Un día son unos pocos los que abandonan el viejo contorno y se pasan a las desabridas calles recién inauguradas por la propia presencia del general Franco. Y otros días son más. Ya casi nadie va a la misa de la iglesia vieja y los nuevos bautizos, y las bodas y hasta casi todos los entierros se hacen en el aséptico espacio alzado contra el cielo. Nadie sale, en las tardadas de verano, con su silleta a charlar con los vecinos. No hay espacio. Todo está naciendo muerto y de paso está matando cientos de años de historia, de arquitectura popular, de artesanía menuda y cotidiana. Y a la larga, un día vuelves, y lo que viste hasta arriba repleto de vida, te lo encuentras muerto, abandonado, crujiendo entre las grietas que han ido creciendo cada vez que los paisanos se iban llevando los cañizos y los maderos —«para hacernos un cobijo más útil en lo nuevo»— y dejaban la adoba al aire vivo, como cadáveres sin tumba.

Cuando vuelves, cuando atemorizado paseas bajo las ruinas esperando que de cualquier muro —ya no quedan cornisas— se desprenda toda su perpendicularidad y te caiga de golpe, escuchas, a lo lejos, alguien silbando «Yo tenía un camarada», y montado en una *bici* descubres a un ignorado cicerone que comienza a contarte historias de una realidad tan apabullante que no sabes si insultarle por las mentiras que te quiere hacer tragar, o siguiéndole el juego, comienzas a desconcertarle con preguntas a las que no sabe contestarme. Se ha inventado hasta ese brazo herido que muestra valeroso y que es el resultado, sin más, de un accidente laboral. Él, como otras gentes, quiere hacer de estas ruinas —dentro de poco ni eso— la mítica historia de una mítica realidad fabulada.

Igual que Belchite quedaron, sin ir más allá Guernica o Teruel y como nadie decidió hacerlas hijas adoptivas volvieron, con el esfuerzo de todos, a ser la vieja realidad que fueron. A Belchite, por el contrario, presuntas inmolaciones martirizantes acabaron con una joya mudéjar para aupar un bodrio ejemplar de «Regiones Devastadas» y, de paso, hacer de la desidia de todos fortín del reaccionarismo más recalcitrante. Sería mejor, a las generaciones futuras, mostrarles de lo que fue capaz la vergonzante desidia de una Administración demagógica. Y al heroico chico de la bicicleta comprarle un casco de obrero, no nos lo vaya a desguazar, el día menos pensado, un cascote de cualquier muro reventón y en el que aún se pueda leer: «Blas...».

Y ALLÍ ESTABA ÉL

Mi historia también es muy sencilla: Mi señora y un servidor cuando nos vinimos de la emigración pensamos que con los cuatro cuartos ahorrados y con un prestamillo que nos haría un banco, podríamos emprender un pequeño negocio y siguiendo el ejemplo de algunos triunfadores, devolver el préstamo y vivir tranquilamente. Pero las cosas no nos fueron como dice la tele y a golpes y contra golpes íbamos pagando los intereses como podíamos hasta que un día la vaca ya no dio más. Fuimos al banco, hablamos con un jefe, con otro, con otro más y dos días después unos señores se nos llevaron lo poco que teníamos y cuando fuimos al Juzgado, allí estaba Él... todo poderoso que, con buenas palabras, nos dejó en la calle. Ahora mi señora friega escaleras y yo ando de guarda nocturno en una obra de un amigo que hice en Frankfurt, cuando aquello de andar con la casa a cuestas.

Nuestro caso es más o menos igual: decidimos vender las tierras, los olivos, el pedazo de huerta y nos vinimos a vivir aquí con la ilusión de encontrar trabajo. Mientras tanto con las cuatro perras y un crédito nos metimos en un piso, pero el trabajo no llegaba y los plazos pasaban a una velocidad que como decía mi señora: «parece que el calendario lo mueven ellos». Y así un día nos paramos, dejamos de pagar y cuando se nos comunicó que deberíamos abandonar la casa, allí estaba Él... todo poderoso dejándonos en la calle y con el culo al aire, para que se nos fuesen refrescando las ideas que otros las tuvieron mejor pero nosotros no llegamos más allá de eso del dieciséis por cien que dicen que te cobran y que cuando ya no puedes más se convierte en un cien por cien de ¡hay que pensarse las cosas antes de embarcarse!

Y es que Él... siempre tiene la razón y la fuerza que, juntas, son como para echarte a temblar.

NIEBLA

Amo esta ciudad bajo la niebla. No sé por qué pero cuando la veo cubierta por esa densa capa cubriéndole las esquinas, los tejados perdidos, las plazas desconchadas, los rincones baldíos, me recuerda a ciudades del norte de Europa y me siento un poco como si paseara por Amsterdam o Bruselas.

Cuando la niebla baja todo se difumina en suaves contornos y hasta los concejales adquieren ese tono gris y dulce como la pequeña epopeya ciudadana. Cambiamos todos y las voces —tan gritadas bajo la ciercera estrepitosa— se vuelven suaves, contenidas, amables. Nos saludamos con cortesía por las arrumbadas calles del casco viejo igual que lo podrían hacer los marineros de Holanda cuando se cruzan por entre interminables canales que acarician el Mosa. Y hasta el Ebro, tan cuidadosamente destrozado, aparece manso, lento, suave, como si de un río navegable se tratara y uno, en su nostalgia, se pasa horas contemplando sus aguas a la espera de esas grandes barcazas que atraviesan el norte de Europa.

Con la niebla, el olor de la brisa se hace dulce tirando a col hervida. Dicen que es por nostalgia con la ciudad romana hundida bajo el peso de la especulación acumulada. Otros, los menos románticos, dicen que huele así por el estercolero de los caminos de los pinares ralos de Valmadrid. Nunca se sabe. Pero cuando llevas quince días soportando el gris interminable de estos días de otoño buscas de nuevo el cierzo que levante la niebla y volvamos de nuevo a ser lo que aquí somos: agrestes, vociferantes y expansivos.

EL CORAJE

Durante la última semana he andado con un equipo de la TVE recorriendo, de norte a sur, las tierras de esta Región, descubriendo pueblos abandonados.

Durante el recorrido ha habido tres cosas que me han impresionado; la primera, la belleza y la agonía de los pueblos vacíos y al borde de la más absoluta derrota ante el tiempo y el abandono. Es doloroso ver cómo se derrumban, las torres se agrietan y sólo el silencio queda allí donde la vida estuvo un día. Comprobar las razones de este abandono, a veces, te produce rabia. Porque unas veces se abandonaron por problemas económicos, pero otras se obligó a sus habitantes a abandonarlos por puras razones inconfesables e inconfesadas.

La segunda ha sido hablar con los viejos habitantes de estos pueblos; sus recuerdos, su duro combate contra un medio duro y brutal, su cariño, a pesar de todo, hacia aquellas tierras que los explotaron, maltrataron y, que un día, los expulsó sin más.

Y la tercera ha sido comprobar cómo en medio del deterioro hay unas nuevas gentes que trabajan a diario, con escasas ayudas, para rescatar del naufragio total los restos rescatables.

De la convivencia con estas tres razones he llegado a una conclusión: este país nuestro, este duro Aragón de los demonios, debe su vida y su existencia al coraje. Al coraje de las piedras, de los hombres que sobrevivieron a un modo de vida descarnado y a los que ahora intentan sujetarlo, a veces, insujetable. Si en esta tierra dura, de climas extremos, de economías rudimentarias, no hubiese habido, y hubiera, gentes con enorme tenacidad y ese coraje, no existiríamos.

Pienso que un día, con toda la humildad del mundo, habrá que hacer un homenaje a ese hermoso tesón que es el coraje y que nos ha hecho así, como nosotros, como la tierra y el clima nos va pariendo, construyendo y matando.

CUARENTENA DE SAN MARCOS

Por las tierras del Maestrazgo, por las que ahora camino, y justo en Villarluengo, las gentes dicen que San Marcos tiene cuarentena con lo que quieren decir que el tiempo que hizo ese día, de gran romería en esta villa, lo hará durante los cuarenta días venideros. Y San Marcos este año fue de borrascas y lloviznas, de frieras y malos gestos de la ciercera. Fue, como dice un paisano, como para tomarse unas vacaciones y regresar en julio.

Si no fuese por esa cuarentena no se suspenderían etapas de la vuelta ciclista, ni por Barcelona andarían con cinco grados de temperatura, ni las dos maestras de Villarluengo, vecinas y votantes de Zaragoza, estarían con la naricilla repleta de catarro y añorando la ribera que, aunque fría, matiza los grados y algo más de calor deja sentir en los adentros.

Porque es duro andar por estas tierras cuando el horizonte son unas brechas de tierra izadas contra el cielo, como rabiosas, como desesperadas. Los que andamos por abajo, los que nos azoramos con los tumultos de las calles, del tráfico, de las ruideras, deberíamos, de vez en vez, venir a ocupar plaza por estos hermosísimos lugares y además de conocerlos, patearlos y vivirlos, tendríamos la posibilidad de respetar a las gentes que guardan el orden: el civil, el escolar, el médico y el espiritual.

Son las únicas personas que sacan del naufragio a estas tierras y si un día el Estado dejase de abastecer de estos funcionarios a estos lugares, todo se hundiría porque son ellos los que hacen posible que, aunque San Marcos tenga cuarentena no se vayan tras ella las últimas esperanzas de las gentes.

EL MAESTRAZGO TUROLENSE

Las gentes del Maestrazgo, para sobrevivir al clima, a la geografía, a la difícil vertebración del territorio, sacan adelante las masías, que no son ni más ni menos que núcleos familiares donde la vida se desarrolla por completo.

Hoy, mejoradas las comunicaciones, pocas, muy pocas, guardan la firmeza y plenitud que la familia Forcada ha sabido mantener en la suya y aceptan además las nuevas tecnologías, manteniendo de la tradición aquello de lo cual ellos están convencidos que es mejor que lo que la vida actual les ofrece.

—Joaquín, ¿cuántas masías quedan por aquí, por la zona de Cantavieja?

—Hombre, justamente todas, todas, no las podría decir, pero yo creeré que quedarán sólo unas veintidós masías o por ahí.

—Oye, ¿y cuántas masías había antes?

—Pues doscientas cincuenta.

—¿Y cuáles son los productos que vosotros producís fundamentalmente?

—Lo que más, ovino y vacuno.

—Yo lo que estoy viendo por ahí es que muchas masías se están poniendo delante granjas. ¿Tú cómo lo ves?

—Hombre, el cerdo, normalmente, son la gente que no tiene campos grandes.

—Joaquín, ¿también en tu época se han hecho bureos o tú ya ibas con bicicleta?

—No, yo he sido en mi juventud de a pie. Sí que se ha hecho bureo. Nosotros hemos sido de una época, lo siento mucho y a lo mejor lo va a sentir el clero, pero nosotros fuimos una juventud dominada por los curas. Que nosotros hacíamos baile una cuadrillita de amigos un domingo por la noche (porque los demás días se trabajaba), y al domingo siguiente nos sacaban por el púlpito.

—Y aquí está el tío Joaquín que acaba de recoger el ganado. ¿Sigue usted saliendo al monte a llevar las ovejas por ahí? Y a pesar de que hacía frío esta mañana se ha ido usted a llevar las ovejas y los corderos.

—Ahora se tienen que sacar los animalicos para que pasten, y si no los sacas, pues lo sienten.

—¿Cuántos hijos ha tenido? (Dirigiéndose a la abuela.)

—Ocho. Me viven siete.

—Y cada quince días viene una hija a hacer el pan con usted.

—Sí, señor.

—¿Y le gusta más este pan que el que hacen en las panaderías?

—Pues sí, señor.

—Y la leche, ¿también es de ustedes o la traen de fuera?

—No, no. La leche es de las cabras que las guarda aquí mi marido.

—Y los nietos vienen tan contentos los fines de semana.

—Los fines de semana. Después tienen que ir al colegio.

—Cuando uno llega a vuestra masía, la masía Forcada, se encuentra uno que hay una placa solar, produces tu electricidad más o menos. Tú eres un hombre que quiere estar junto a la civilización. (A Joaquín.)

—¡Uy!

—Pediste un día un presupuesto a Telefónica, y yo tengo una carta aquí que me ha dejado realmente asombrado. Y es que te pedían por instalar el teléfono 12.400.000 ptas. más IVA más un impuesto de 15.000 ptas. ¿Qué dijiste tú cuando recibiste esta carta?

—Yo, perdone que no soy ninguna persona de las adelantadas y eso me parece excesivo. Yo le voy a contar un chiste de mi juventud: es ser un tonto como abundio, vender el coche para comprar la gasolina. Y yo nada más le puedo decir esas cosas.

—Te quedaste asombrado.

—Asombrado totalmente. Mire si me encontré asombrado que me fui a Telefónica a Castellón y no me querían dejar entrar porque quizás aquel día les habían robado, según me dijeron, y al llegar allí el guarda-jurado no me dejó entrar. Y yo ya le dije: «Mire, yo no vengo a secuestrar a nadie ni a robarle nada. Yo vengo a entregarle esta carta para que vean ustedes lo que hay que hacer, ya que dicen que es una zona rural protegida».

—Muchas gracias, Joaquín. Muchas gracias a la abuela por habernos sacado el pan y habernos dejado entrar en su casa, que no es muy corriente. Ha sido usted muy amable.

—(La abuela.) Si no llega a ser por el molen... Porque a mí ya me han robado una vez.

—(El viejo.) Cualquiera hoy en estos tiempos deja entrar a gente desconocida.

MONEGROS

El día veintisiete de septiembre comencé a escribir los primeros versos de un futuro libro titulado *Monegros*. Me gustaría —nunca sé si lo conseguiré— exaltar la esencialidad de ese paisaje, de ese desierto tan hermoso y, al mismo tiempo, tan nuestro. No es fácil huir del tópico pero me meto en esa aventura consciente de lo arriesgada que resulta.

Pero es en esta tierra donde el secano es nuestro ser y nuestra concepción del mundo, pocas veces nos ha dado por meternos a tope en su fondo, en su entraña más intrínseca. Siempre nos hemos quedado en la anécdota, en la superficie y hemos aguantado, con cara de poker, el que los forasteros que lo atraviesen hablen con desprecio de ese hermoso mar petrificado en el que ni los pájaros saben cómo posarse.

Y si además una mañana bronca cruzas la Tierra Baja camino de Alcañiz todavía te estremece más esta compacta horizontalidad del cielo cayéndose de bruces sobre otra soledad —esta de arcillas— que es la que encuentras cuando abandonas las orillas del Ebro y te levantas hacia la meseta desolada de los campos de Azaila.

El perfil se desangra.
Se rompe el horizonte.
Como un pájaro quieto
la sabina interrumpe la distancia.
El viento, atenazante,
lo desconcierta todo
y una ontina sedienta
rompe la longitud
de un cielo invertebrado.

SOMOS

Somos como esos viejos árboles, batidos por el viento que azota desde el mar —siempre el mar como nostalgia de nuestra liberación—. Hemos perdido compañeros en los frentes de siempre: de Teruel, de Belchite, de la vida, paisajes y esperanzas en duro batallar. Vamos hundiendo en las palabras —palabras y palabras y palabras— las huellas de los labios para poder besar tiempos futuros y anhelados, de manos contra manos izando la igualdad con todos, con los de arriba y los de abajo, con los del este y del oeste.

Somos como la humilde adoba —la tierra de la que nacen nuestros pueblos— que cubre, contra el tiempo, la sombra del hogar del que un día se fueron unos y otros y ya no queda casi nadie. Vamos a echar nuevas raíces —¿hay tiempo todavía?— por campos y veredas para poder andar.

Somos igual que nuestra tierra, suaves como la arcilla —las rojizas y hermosas veredas del Jalón— duros como el roquedal —en lo alto del Pirineo, tan cansado—. Hemos atravesado el tiempo dejando en los secanos —Monegros, Tierras de Caspe, de Belchite— nuestra lucha total. Vamos a hacer con el futuro —¿hay tiempo todavía?— un canto a la esperanza y poder encontrar tiempos cubiertos con las manos, con los labios y con los rostros que sueñan libertad. Aquella que un día pusimos en la calle y que los burócratas nos la trituraron, arrasaron y destruyeron.

Ya no es tiempo de canciones, sino de hechos, y el hecho es que, como pueblo, ya casi no nos queda nada, tan sólo la palabra para salir a la calle y reclamar lo que siempre ha sido nuestro: la historia y la libertad. ¡A la calle pues, que ya es hora!

Y, ¿UN PAISAJE?

JÁNOVAS

A Emilio y Francisca, con mi admiración.

Cuando atardece, en el mes de junio, el sol se pone por el fondo del valle, hacia el oeste, un poco más allá de Broto y las aguas, los árboles, los montes y las casas alargan sus sombras hacia el lado de Boltaña. Todo es tan hermoso, tan calladamente heroico que, a veces, sentado en cualquier lugar de la carretera —en Fiscal, por ejemplo— piensas si todo aquello no es un engaño, una de esas irrealidades que las mentes confusas de los hombres contemporáneos convierten en realidad. Y mientras das vueltas al magín paranoico que todos llevamos encima de nuestra propia sombra cansadísima, miras la Guía de Carreteras publicada por el Ministerio de Obras Públicas y Urbanismo y descubres que lo que tú ves, lo que tú crees que existe, para ellos —en su diecisieteava edición— no está allí.

Y tu pobre paranoia de convertir hechos inexistentes en realidades hermosas se derrumba por tu cansado lagrimal. Y aunque tú, con tus ojos ves Ligüerre de Ara y Jánovas, y los tocas, y los besas y atraviesas sus calles, el mapa, la Guía Oficial te insiste en que está equivocado. Y sentándote a orillas del río Ara, que todavía vive para los burócratas de este país, te confundes los ojos con toda tu tristeza y acabas convencido de tu enorme locura cotidiana.

—Conviene que los nombres no existan —dijo el consejero delegado del tercer secretario del ente estatal para la salud de los iconoclastas—. Son gentes de escasa formación y robado el nombre se irán a otros lados.

Y las máquinas de la entidad capitalista machacaron aquella mañana las cosechas a punto de recogerse. Y el turbio burócrata puso la carga de dinamita justo debajo del balcón donde, pocos días antes, habían florecido los geranios. Todo se iba derrumbando, cayendo, rompiéndose a pedazos. Todo, menos el paisaje que, altivo, cobijaba en sus adentros la expresión de lo que el valle había sido. Funcionarios perfectamente adiestrados, iban desalojando las casas, los corrales, los campos, el alba y el silencio. Un día, ya de finales de otoño de hace veinte años —cuando don Francisco era el jefe y los señores de Oriol y de Urquijo y de etcétera, etcétera, ponían las «perras» al sol que más las engordaban— un telegrama anunciaba la buena nueva: «Desalojado el territorio. No queda nadie». Era la hora justa de iniciar el derrumbe de todo un paisaje, de toda una historia, de todo un pequeño país. Era la hora exacta de la especulación más brutal y desastrosa.

Pero los supervivientes izaron la bandera de la reivindicación. Fue una bandera con el aire de un grito, de una llamada, de una queja. Fue casi la misma bandera que Picasso fijó en su *Guernica* al retratar a esa mujer con el candelabro abriendo la denuncia en su escapada. Fue, contra toda la brutalidad que le opusieron, la primera bandera de la vida frente a la degradación. Y fue, para todos nosotros, el aldabón golpeado contra la conciencia para avisarnos de cuál era nuestro futuro.

Hoy, tantos años después, detrás de la primera bandera que izaron, heroicos, Francisca y Emilio, una larga fila de gentes se agolpan. Son las gentes que defienden Añisclo, Campo o que gritan no contra las nucleares. Ya no es sólo el tímido desgarro al aire de las lágrimas fieras de Francisca. Son miles de voces reclamando, aupando, denunciando.

Si dejamos que Jánovas caiga bajo las aguas y se lleven de paso a Ligüerre y se degrade el Ara, habremos demostrado, otra vez, nuestra incuria, nuestro abandono, nuestra falta de fe en nosotros mismos. Es un reto —dentro de los miles de retos que esta tierra tiene— que debemos asumir con la misma violencia con que los que quieren el kilovatio la están produciendo desde el principio. Es una página muy importante de la historia de este territorio. Según del lado que caiga —y nosotros, todos, podemos colaborar— así será nuestra próxima historia. Que cada uno piense en su propio compromiso y asuma su responsabilidad. No es hora de palabras hermosas —Emilio y Francisca nunca las tuvieron— sino de hechos.

CARTA A LUCINIO

Querido Lucinio: ahora que estoy tan lejos de nuestra tierra, como tú, y leo en los papeles que las tierras del Bajo Cinca carecen de agua para regar sus cosechas de frutales, pienso y me acuerdo de ti cuando tuviste que hacer tu hato y marcharte a aquella barriada de Barcelona en la que te dejaste huesos, sudor y años para que al final ellos te digan que ése no es tu país, que tu país te siga negando el pan y la sal y que vuestro esfuerzo dramático de salir del congosto, donde te parieron, no haya servido, al final, para quitar la sed a las tierras bajas que ven cómo las aguas se las llevan, precisamente, a aquellos lugares que ahora nada quieren saber de ti.

¿Entiendes algo? Yo casi nada de nada. Me asombro de las estupideces que unos y otros lanzan al mercado con la mayor desfachatez.

Son ellos los que, apoyados en la dictadura, acabaron con los valles, con los paisanos, con los pueblos y ahora se desbocan —de la boca— diciendo toda una sarta de incongruencias. Y mientras tú, lejos. Y yo, lejos. Y los amigos, lejos y nuestra tierra como si nada hubiese pasado. Y gritan que llevan mil años de país y uno, harto de tanta cretinez, escribe de nuevo esta carta para ti, Lucinio, que este verano veías angustiado cómo se te quemaban los montes de tus viejos valles sin poder hacer nada. Como ves, seguimos con el amargo sabor de siempre en nuestras bocas.

INQUINOSA

Cualquier día de éstos nos quedaremos con el aire colgado en las espaldas. Los niños preguntarán a sus madres el porqué de ese gesto triste que les nace a los perros y por qué en sus miradas sólo quedan las sombras de los cielos. Y los padres ahuyentarán de sus lágrimas los nombres de aquellos diputados que no tuvieron el valor de decir no a lo que un día iba a emerger desde el centro de la tierra para asustar las noches y los ríos. Y las madres, las terribles madres, levantarán las cabezas, como en el poema lorquiano, y agitarán su odio por la faz de la tierra. Cualquier día puede pasar eso...

Pero hasta ese día aquí vivimos en el mejor de los mundos, con una bomba de relojería debajo de las camas, por culpa de unos hombres y mujeres que cedieron a sus intereses privados, a los intereses de los interesados públicamente y a la incomprensiblemente dejadez de todo un pueblo, que miraba sonriente a los locos que anunciaban la catástrofe como si de jóvenes agoreros y resentidos se tratara.

Espero que nunca llegue ese día que un día llegó a Seveso y fabricó monstruos, cánceres y dolorosos dramas inacabados. Espero que nunca llegue ese día del que los ecologistas alemanes huyeron como gato de agua hirviendo. Espero que nunca llegue; pero si llegara, me gustaría que se recordase en una lápida, a orillas del río Gállego, los nombres de los diputados que temblaron, como damiselas, ante un gesto de valor y permitieron que la historia acabase cumpliendo el círculo fatídico que todos anuncian y denuncian.

Hay días que uno siente vergüenza de ser hombre y otros, vergüenza de algunos paisanos suyos. El otro día, cuando leí en la Prensa la decisión de las Cortes de Aragón sobre Inquinosa, sentí tanta vergüenza que me mordí los puños de rabia y pensé que un pueblo entero había perdido su orgullo.

Como no me gusta el silencio, apoyo aquí a Ansar contra tanto gigante indescriptible como nos está matando la tierra, nuestro único bien incuestionable.

HACIA EL OESTE, EL MONCAYO

El deterioro del territorio aragonés está llegando a puntos increíbles: el Pirineo está empezando a ser una cloaca y un batiburrillo de especuladores que, en cuanto el tinglado tiembla, dejan los bártulos y salen huyendo como alma que lleva el diablo. Para muchas gentes, quizás demasiadas, el bienestar lleva consigo el cargarse el paisaje, la tierra y hasta las propias gentes del entorno y, a pesar de todo, siguen convencidos de que el bien viene por ahí. Y las autoridades calladas como muertos dejando el campo libre a la destrucción y el saqueo.

Como los especulativos no dejan, o no quieren dejar títere con cabeza, un día echaron el ojo al Moncayo y cayeron sobre él para convertirlo —con el engaño del progreso y de los beneficios a corto plazo— en un próximo detritus de zaragozanos satisfechos. Y las autoridades calladas.

Menos mal que voces hirientes han levantado la cabeza para decir no y, a costa de su propia salud personal, se están enfrentando con la fuerza de David a ese Goliat impresentable que es la Administración Regional que, callada como muerto, no ha dicho esta boca es mía y deja que las cosas rueden convencidos de que el cansancio y el agotamiento de las minorías acaba por hacer triunfar a esa mole impersonal, que nadie sabe qué cosa es, pero que, más o menos, llamamos Gobierno de Aragón.

Si este Gobierno no tiene el valor de detener las obras de urbanización, dentro de poco el Moncayo ya no será ni dios ni nada. Será vasallo del agobio, de la contaminación, del desespero y del desastre. Por todo eso el Gobierno —que tiene el apoyo de las Cortes—debe decir rotundamente no. Si no lo hace todos volveremos a entender que una minoría está contra la opinión mayoritaria por unos meros intereses incomprensibles.

CANDANCHÚ

Qué bonito es Candanchú con nieve y qué pistas más bonitas tiene, cantábamos de niños acompañados por las damas de hierro de la Sección Femenina, aquella que en gloria esté.

Qué bonito es Candanchú con nieve y casitas y más casitas, cantaron, a partir de los setenta, unos señores que fueron convirtiendo los bonitos paisajes en apartamentos, calles y paisajes al borde del silencio.

Qué bonito era Candanchú con nieve cantarán los habitantes de Aísa —no Aínsa que está en la otra punta— si se llega a cumplir lo que quieren los de las casitas y más casitas, separando Candanchú de su enclave administrativo original que es el pueblo.

Si a los ansotanos o chesos les dijesen que les iban a quitar Zuriza u Oza los tiros se iban a oír en Gibraltar. Pero en Aísa son pocos y me parece que hasta muy tímidos, porque de nada les ha servido el rico enclave de Candanchú si no ha sido para trabajar de pisteros, empleadas de hogar o, como mucho, de monitores.

Los vecinos de Aísa son dueños del territorio de Candanchú. Los vecinos de Candanchú son tan sólo, temporalmente, propietarios de las casitas. Así que la discusión es falaz. Si a uno lo dejan entrar en una casa de invitado, es invitado y no tiene derecho a llevarse las alfombras, el bidé o la criada. Por todas esas historias me pongo al lado de los vecinos de Aísa, pues son ellos los dueños de la vaca.

LA ALTERNATIVA

Jaca 98 empieza a arrasar —con perricas, chufletes— y visiones idílicas y maravillosas se venden a todos los postores. Pero al lobo, bajo su piel de cordero, siempre se le acaba viendo la patita y para que a las gentes de aquellos valles no les sorprenda ya se han empezado a aglutinar en torno a algo que ellos llaman Alternativa 98.

Creo que hacen bien, porque a ese proyecto primero que los organizadores nos están presentando hay que empezar a ponerle freno o, dentro de unos años, de lo que había en aquellos valles a lo que quede, será como de película de ciencia ficción.

Y uno, que más o menos conoce aquellos parajes, se queda asombrado cuando todo el tinglado técnico, que dicen tener, acaba poniendo el trampolín de saltos y la pista de bobsleigh en las faldas de la peña Oroel sabiendo que allí la nieve es escasísima, que habría que arrasar todo un pinar costosamente levantado y que, sin agua en los alrededores, se tendría que construir grandes depósitos para la producción de la nieve artificial.

Este disparate me recuerda a aquel otro de finales del

franquismo que quería colocar en una zona deshabitada —¿el valle del Cinca?— cuatro centrales nucleares. Toda la cuenca del río —con más de ochenta mil habitantes— se levantó como un solo hombre. En los despachos de los altos tecnócratas no se habían enterado. Y ahora tampoco.

Y si así empezamos, ¿cuál es el siguiente paso? El que Dios nos coja confesados, porque al final de la Olimpíada sólo quedará el cemento y en él ni se crían vacas, ni nacen patatas, ni pastan ovejas, ni nadie va a descansar sobre el cemento porque para eso, ya tenemos cualquier plaza «moderna» de la urbe.

LOS DE BELCHITE

Fuertes raíces me unen a ese pueblo entre despavorido y altivo, que murió entre la guerra y la desidia ahora hace poco más de cincuenta años. Por muchas razones he paseado por sus calles, he hablado con sus gentes, me he reído con ellos y, por qué no, me he solidarizado con su sentimiento trágico de su futuro ante los avatares ruinosos que siempre se avecinan a pueblos agrícolas que viven del secano brutal de nuestra tierra.

De muchacho muchas veces subí al Pueyo y rebusqué los restos romanos que, a cientos, se esconden bajo las piedras de este Santuario y que demuestran que ya lo fue antes de que la fe del cristianismo arraigase por estos lugares. Y siempre he pensado que aquellas paredes hermosas, levantadas en el altozano que vigila uno de los más estremecedores secanos aragoneses, era de los belchitanos, desde siempre. Posiblemente desde que nuestros antepasados expulsaron de sus alrededores a Asdrúbal y a toda su corte. Y ahora me encuentro con que hay un debate sobre su propiedad.

Supongo que el señor arzobispo no debía conocer los antecedentes religiosos de este Santuario y, quizás por eso, no comprenda la defensa de los belchitanos para con lo suyo. Son quizás miles de años los que los hombres y mujeres de estos lugares han recorrido el espacio entre pueblo y templo para pedir por lo que piden los fieles y ahora, cuando les van a quitar lo suyo, toda la memoria histórica se revuelve. Déjeles su esperanza, su ilusión. Las gentes de esos pagos ya pagan demasiado —y han pagado en exceso durante la Historia— como para ahora quitarles una cosa más. Son gentes duras, monseñor, y a veces se les cruza la vena y no razonan. Y es que cada vez que les han pedido razonar, los han engañado y el gato escaldado...

R.I.P.

Réquiem in Pirineus debería ser el título completo de este artículo si uno fuese tan buen latinista como Luis García Nieto. Pero uno que es un humilde «creyente de base» a lo que más llega es a ese RIP con el que encabezo la columna de hoy.

Y es que escribamos como escribamos la esquela esta hay que dedicársela a un Pirineo cada vez más al borde del colapso si los jefes no toman en serio el asunto: los ríos, las praderas, todo aparece con un agotamiento que más produce pena que otra cosa. Nunca aprenderemos la lección que en zonas, léase Mediterráneo, deberíamos haber aprendido: las gallinas de los huevos de oro se vuelven caponas de tanto detraerles el futuro sin apenas poner algo que las ayude.

Aquí sólo buscamos el huevo y los que podían ser lugares paradisíacos a los que las gentes cansadas de ciudad, de ruido, de contaminación y de estrés llegaran con verdadero amor y devoción, se convierten, poco a poco en centros hormigonados y degradados. Y la naturaleza, como si también anduviese cabreada, se niega a nevar nieve en donde siempre la hubo. Ni lo más viejo del lugar se acuerda de tiempos tan incomprensibles. Y es que a la larga les tocamos a todos las narices y nadie está poniéndoles coto al cotarro.

Sí, señores: el Pirineo se está muriendo. Al final, cuando definitivamente entonemos el Réquiem, todo será señalar con el dedo y entonar los meas culpas. Por eso hay que empezar ahora a decir que no todo el bien está, aunque lo parezca de pronto, en sacarle el jugo a la vaca. Se podría sacar del mismo modo, pero con la conciencia y el respeto que siglos de cultura y geografía se merecen.

Cuando uno regresa del monte, y ve lo que ve, apenas sí le quedan otras palabras que las escritas aquí. Es posible que, como siempre, alguien diga que tengo una negativa visión del futuro, pero la tengo. Y es que no hay nada más evidente que lo evidente y sólo los ciegos no ven lo que se ve. Amén.

LOS NICHOS

Regreso a casa, a pasar el fin de semana, como si fuese un recluta, y repaso los titulares de la prensa. Todo va, más o menos, como siempre: lento y sin desasosiego. De golpe, y en una esquina de este mismo Diario me hace gracia —una gracia entre la tristeza y la desesperanza— un pequeño recuadro: en la provincia de Teruel hay una subvención de quince millones para levantar ochocientos nichos. ¿Sólo se levantan ya nichos en esa tierra? ¿No quedan más que abuelos y abuelas y hay que irles preparando su reposo definitivo?

Teruel —todo lo que son las sierras del Maestrazgo y de Albarracín— lleva tiempo agonizando con la agonía que sólo son capaces de soportar las gentes campesinas, en silencio. No dicen nada. Un día se mueren y por no molestar nadie lo anuncia. ¡Para qué!

Hace unos meses un masovero de la zona de Villarluengo me contaba cómo uno de sus más amargos recuerdos de infancia fue un día que, andando por la calle, las campanas de la iglesia tocaban a difunto. Una mujer preguntó a otra: «¿quién se ha muerto?». «Nadie —le respondió la vecina—, un masovero.» Y ahora, cuando leo esa noticia creo que cualquier día de éstos alguien preguntará, cuando las campanas repiquen a difunto, la razón de ese toque y seguro que, con la mayor tranquilidad del mundo, las oficiales voces que todo lo valoran en amargas estadísticas, responderán: «¡Nadie, uno de Teruel!». Y algún jefe de los ejecutivos se tranquilizará su conciencia pensando que ya dieron esos millones para los nichos y que, al fin y al cabo, ése parece el amargo destino de esas tierras.

Desde la multitud zaragozana, desde el bodrio urbanístico de las orillas del Ebro, deberíamos meditar sobre esta amarga realidad porque cada kilómetro que dejamos vacío nos va ganando en soledad al resto de los de aquí. Aunque no tengamos nicho.

CAMINO DE NA...

Hace unos días los responsables del Pabellón de Aragón en la Expo de Sevilla me pedían, a través de una carta, que escribiese, para un catálogo oficial, unas líneas sobre «Aragón en el marco —¿cuál de los marcos?— de 1992». Me negué a hacerlo porque, dado mi caracter intermitentemente depresivo, me iba a salir un artículo negativo. Pienso que visto lo que ahora se nos viene encima, hice bien. Porque ante tanta falta de perspectiva para esta tierra nuestra, ¿de dónde saca uno la sonrisa para poner en las líneas solicitadas algo positivo? Difícilmente.

Uno, que siempre anduvo con la mosca detrás de la oreja ya cantaba, en aquellos días de mucho vino y pocas rosas, aquello de «desde tiempos a esta parte, vamos camino de nada», con la esperanza de que los nuevos tiempos nos elevasen nuestra dignidad y nuestra personalidad a los lugares que nuestra historia nos merecía dejar.

Pero desde el primer momento en que el proceso de autonomía se abrió para estas tierras, aquel vaticinio negativo —¡Labordeta: no seas gafe!, me gritaban los políticos del sistema— se fue remarcando.

Ni nuestros políticos, ni nuestro pueblo, ni nadie, supo estar a la altura de las circunstancias y nos dejamos llevar por la corriente de la historia, que era la corriente por donde unos y otros arrastraron sus propios intereses. Pocas veces se levantaron entonces para gritar lo que estaba pasando. Y ahora, cuando parece ser —¡a mí ya me da igual!— que por fin hemos llegado al fondo sin ser más allá de eso que en Madrid llaman «provincias», unos, como siempre, se excusan ante la obediencia debida —al cargo que les han dado y que gracias al cual viven de p... madre— y otros, que querían ser «provincia», ahora se reclaman nación. Entre todos la matamos y ella sola se murió. O como dijo don Francisco de Goya: «Aquellos polvos trajeron estos lodos».

MI MAR

I

Siempre he tenido envidia de los poetas o escritores que vivían en casas frente al mar o que, en paseos cotidianos, se acercaban hasta él para comprobar su belleza, su inmensidad y su paisaje cambiante y lleno de emoción. Por ello, como soy de un secano cerril y tierradentro, nunca he podido tener un mar y, desde niño, convertí para mis adentros y mis ensoñaciones la plaza del Mercado Central en mi mar privado.

A esa plaza, como si fuese una playa lejana, acudía repleto de ilusiones las mañanas agosteñas para trajinar por entre los puestos del mercado y escuchar la vieja campana que abría y cerraba, o la más novedosa sirena, como si fuesen las llamadas de los buques en la lejanía o el lamento de los faros en los días crudos de la niebla otoñal.

Desde mi ventana, en lo más alto, como un viejo farero, esperaba las primeras horas de la noche —cálida o heladora— para ver la llegada de los primeros carros cargados de hortalizas y escuchar el habla poderosa de los hortelanos descargando por el suelo la mercancía, como si fuese la buena pesca de los caladeros del norte.

Y cuando ellos se iban aparecían las mujeres, arrebujadas en sus inmensos manteos —para invierno— o mostrando sus poderosas carnes en las estrechas noches del verano, igual que si fuesen rianxeiras guardando el paisaje multicolor de las verduras, de los tomates, de los pimientos. Y desde mi azotea comprobaba cómo el solar que redondeaba el Mercado —igual que el mar— se vestía de colores distintos, según la época, y las hortalizas o frutas que se desparramaban. Y de madrugada el griterío, las voces, el relinchar de las mulas. Y la sirena abriendo de par en par las puertas de este increíble lugar que, como mi mar, lo vigilaba.

Paralelas al mercado, se levantaban unas casetas de madera que se dedicaban a la venta de los más increíbles productos. Me imaginaba —nunca he estado— los grandes tinglados portuarios de San Francisco o de Londres y me divertía contemplar a alguna putilla de baja estofa ocupándose con algún vejestorio, tras las sombras de estas casetas, en un polvo incómodo y barato.

Hasta les gritaba entre las sombras, pero no se inmutaban. Para mí aquello era un Amsterdam baturro y de secano, pero tampoco estaban los tiempos como para exigir todo en technicolor.

Algunas madrugadas de aquellas de estudio insólito bajaba hasta la barahúnda de los puestos y me entremezclaba en el jolgorio de la subasta y me divertía ver cómo las mujeres entoquilladas se cagaban en los padres de los mayoristas que atosigaban el precio de los productos hasta cotas insólitas.

Y de clareo, otra vez a mi azotea, a ver el mar inmenso del trajín de esa hora en que unos recogen, otros se van y sobre los adoquines quedaban, como testigos mudos, las hojas desbaratadas del cardo, de la acelga, de la lechuga y hasta algunos bisaltos perdularios.

Era mi mar. El mar de mi infancia y de mi adolescencia sobre el que vivía, caminaba, reía y jugaba y hasta inventaba historias increíbles en aquellos días en que la carne congelada enviada desde Argentina obligaba a los zaragozanos de los barrios a hacer horas y horas de cola para poder llevarse algo de este producto a la boca. Y las estraperlistas de pan, que se sofocaban de los guardias en el patio de mi casa, también me llevaban a un mar, en este caso más incierto y cruel.

Las vísperas de fiestas, el silencio era total. Igual que el que produce el mar cuando el invierno frío lo mantiene pareado.

Esas noches, mientras escuchaba las campanadas del reloj de San Felipe, y más lejos las del Pilar, veía al fondo la increíble figura de la torre de San Pablo y si la niebla sujetaba la noche, de nuevo regresaba al mar, a mi mar, a este mar de secano desbaratado en el que los bares cerraban pronto porque también para ellos eran sus días de descanso.

Y los domingos una frialdad increíble regaba los adoquines y la fachada del mercado. El silencio no le caía bien a este mar mío y la nostalgia del horizonte me encogía también el corazón.

II

A la hora justa en que las tardes de los tórridos agostos se derrumbaban —rojas como el impenetrable color de la sangre— por detrás de la torre de San Pablo y el olor a menuceles todavía permanecía impertérrito por los aledaños del Mercado Central, me subía, como un farero prófugo y desaliñado, a los altos de mi casa paterna, a lo que llamaban las falsas y, desde un ventanuco abierto al enorme espacio de la plaza, contemplaba la inquietante panorámica de las luces impenetrables encendiéndose para, como islas lejanas, ir ofreciéndome la vida de los vecinos.

Eran, sobre todo, las noches de los sábados cuando las familias surgían al relajo absoluto, cuando más feliz me hacía aquella panorámica de playas lejanas sobre las que inventaba historias mientras el silencio más absoluto recorría los adoquines adyacentes al gran tinglado del Mercado Central y sólo el chillido de las ratas, huyendo por las alcantarillas perseguidas por gatos locos, estremecían el aire quieto de esas noches recién inauguradas.

Cerca de mí, la familia de una maestra jubilada se agolpaba a las orillas del balcón para aspirar alguna inquieta brisa ascendente desde el Ebro. Sobre ellos, como sobre la cubierta de un pequeño paquebote, otra familia agolpaba sobre el aire una pequeña bombilla y, en mangas de camisa, se disponía a cenar con la radio a todo meter, tan fuerte que yo llegaba a escuchar el «parte» desde mi pequeño ventanuco adormilado.

Por la lejanía, terrazas, ventanas, familias de ir y venir, pequeñas escenas cotidianas de madres sudorosas repartiendo la ensalada entre el crierío y los maridos de camiseta sudada y moreno de albañil.

Poco a poco las luces se iban apagando, cerrando, desapareciendo y sólo alguna quedaba como vigilante de la noche. Esas pocas eran las que me atraían porque suponía que tras ellas, o bajo ellas, vidas más intensas sobrevivían. Y me creaba aventuras sobre las sombras casi imperceptibles. Y de golpe caía la noche sobre todas las fachadas y el oscuro impenetrable me imaginaba un mar tenebroso sobre el que tan sólo yo navegaba, vigilante, como en el poema de mi hermano Miguel:

> Acariciándolo todo, destruyéndolo todo
> hundiendo su cabeza de espada en el pasmo del Ser
> sabiendo de antemano que nada es la respuesta.
> En lo alto del faro.
> La voz del poeta.
> Incansable holocausto.

Otros anocheceres de sábado, menos metafísicos, mi padre nos invitaba a uno de los quioscos que, en verano, vendían helados frente al Mercado. A mí siempre me gustaba la escorzonera, que era como la Coca-Cola pero en baturro, con sabor a cierzo y monegro. Era agradable y traía dentro de su color los paisajes ateridos de todas estas redoladas agrestes y altivas al mismo tiempo.

En la terracilla que los quioscos abrían a su alrededor se sentaban familias amigas que hablaban de fútbol, de cosas de las guerras por el mundo e invitaban al sereno —un tipo fortachón y de grandes bigotes— a que tomase algo. Él siempre se bebía un gran vaso de horchata —«líquida», matizaba—. Y permanecía con nosotros hasta que desde alguna esquina se escuchaba el grito: «¡Serenooo!». Y él, limpiándose los bigotes con la manga del uniforme, repetía varias veces: «Voooy», sin mover un ápice el culo de la silla.

A veces uno veía en el cine a los barcos bajando por los grandes ríos navegables y cuando en familia permanecía en el quiosco llegaba a imaginarme allí, en el Mississippi, escuchando a Pepe Blanco, que era lo que la radio colgada en un aparador de la horchatería transmitía a aquellas horas del verano tremendo.

Desgraciadamente nunca llegamos al mar, hasta que no nos llevaron a hacer la mili cerca de Salou, muchos años después, cuando mi mar ya no era mar y mis aventuras infantiles y juveniles se habían quedado destrozadas, igual que las viejas terrazas de las calles de Predicadores y de las Armas.

III

Ahora mi mar es como un enorme puerto en donde se guardaran las viejas glorias de la marina de guerra o los enormes navíos como el *Queen Mary* o el *Elisabeth*, aquellos en que los reyes de Inglaterra, cuando eran reyes y no pastos del *¡Hola!*, viajaban a visitar las grandes colonias de la mancomunidad británica, con gaiteros y todo.

Ahora el entorno del Mercado se ha convertido en un feo y desabrido lugar, insospechadamente feo, gracias a las tribulaciones de arquitectos angostos que, en su mal gusto, han llenado el recinto de galerías inexistentes, arcadas malhumoradas y vergonzantes paisajes de increíbles perspectivas a pie de oreja. Todo es tan feo que semejan astilleros derrumbados y apócrifos. Menos mal que en medio, como esos grandes paquebotes convertidos en museos, se levanta aún —y gracias a una lucha ciudadana en contra de su derrumbe— el Mercado.

Por el norte, por el sur, por el este y el oeste, las grandes puertas —casi los portones navieros de carga y descarga— se abren a los visitantes. Y entrar en su recinto es una gloria, sobre todo en los días martes, cuando las estanterías y mostradores de los innumerables puestos se hallan surtidos, repletos de existencias: mandarinas apócrifas, naranjas madre e imperiales — aquellas del rabito y sabor dulce—, las borrajas enamoradas, los cardos suntuosos, los bisaltos anónimos y las alcachofas de corazón despiadado. El perejil perenne, los ajos, las cebollas, las intrépidas acelgas o los tímidos plátanos canarios, ahora casi inexistentes.

Y los ternasquillos colgados, satisfechos de su propio paisaje. Las babillas de ternera, las cabezas de cordero, rutilantes y abiertas como si de una mesa de cuidadosa disección veterinaria se tratase. La rojez increíble de todas las carnes abiertas de par en par. Conejos y gallinas, alocadamente apretadas por el mismo gancho. Vertiginosas codornices y perdices, apresadas en ese instante bellísimo del asombro. Y los menuceles que, como paisajes monegrinos, se desparraman por los marmóreos mostradores igual que las ontinas en día de bravo cierzo y arrepentido sol en las alturas.

Mas allá, o quizás al lado mismo, los bonitos agrestes de mirada congestionada; merluzas con aire señorón y las de ración, de las que se muerden las colas nerviosamente, aquellas que de niños nos servían nuestras madres como platos de lujo en aquella España del derrumbe frenético. Y pescados ignotos que llegan, de vez en vez, a este puerto de mar de tierra adentro y que los pescateros, ante el asombro de los consumidores, explican las excelencias del producto, la manera de cocinarlo y las señoras, con cierto repudio, los compran «para ver si les gusta a los suyos».

Calamares tristísimos, sepias compungidas y congelados de todas las maneras como si el Polo Norte hubiese caído sobre ellos. Todo un paisaje insólito que muchos días recorro, miro, palpo, veo y sondeo, entre el murmullo de las gentes, los gritos desgarrados de un vendedor que vocea sus últimos artículos y un funcionario de la ONCE que dice reparte suerte entre el puesto de menudos y la vendedora de tomates cuyo paisaje es como el atardecer increíble de un día de agosto.

Cuando salgo, cuando pienso que sobre la sangre derramada del pobre don Juan de Lanuza se ha levantado este paisaje vivo, creo que es el mejor homenaje que las gentes de esta ciudad desarraigada y rota podíamos hacerle a aquel ingenuo que creyó que se podía luchar por las libertades del pueblo aragonés, hasta que se vio solo y abandonado por todos. Una procesión cívica, con sus restos que descansan en la iglesia de Santa Isabel, paseándolos por entre todos los puestos del Mercado sería el mejor homenaje que podíamos hacerle.

De noche, cuando el Mercado descansa, si escuchas en el silencio un resoplido lejano, es el vientre de este gran barco varado que se recupera del trajín cotidiano.

Quiero llegar al mar para salvarme
quiero llegar al mar
que desconozco para huir de la furia
del árbol y de la piedra
quiero llegar al mar inalcanzable
para seguir aquí
con la esperanza de huir eternamente
un día al mar de tierra y horizonte
que crece dicen al final de mi calle
sin salida.
Quiero huir hacia el mar
que tengo cobijado
en mi profundo corazón tan solitario.